社会教育・生涯学習 の基本 シリーズ

社会教育・生涯学習入門

誰ひとり置き去りにしない未来へ

二ノ宮リム さち ・ 朝岡 幸彦　編著

人言洞

はじめに

　「誰ひとり置き去りにしないことを誓う（We pledge that no one will be left behind)」とは，SDGs（持続可能な開発目標）を定めた『我々の世界を変革する：持続可能な開発のための2030アジェンダ』（2015年9月25日第70回国連総会で採択）の前文に書かれたキー概念である。SDGs は地球上のすべての人々にとって共通の課題であり，その実現はすべての人々が担わなければならないものである。さらに SDGs の目標達成の成果から，誰かを除外して切り捨てることがあってはならないという二重の意味が込められている。

　いま，私たちが生きている21世紀前半は，文字どおり「すべての人」が当事者とならざるを得ない世界である。その意味で，すべての人が学びつづけ，模索しつづけるための「社会教育・生涯学習」が求められているのである。本書は，そうした社会教育・生涯学習を考えるための入門書として，あえて基本的な枠組みを丁寧に解説しようとしている。初学者はもちろん，専門職として活躍されている職員にも，変貌する社会のなかで社会教育・生涯学習の原点を確認するものとして読んでいただきたい。

　さて，私たちは依然として新型コロナウイルス感染症（COVID-19）が蔓延する世界に生きている。このパンデミックが世界をどう変えるのかも，注視しなければならない。おそらく，もとの世界には戻らないであろうし，ポストコロナ社会が「誰ひとり置き去りにしない」ものであることを期待したい。そのためにも，新たな社会教育・生涯学習のあり方が模索されねばならないのである。本書を通して，ともに考えていただきたい。

朝岡　幸彦（編者）

目　次

序章　誰ひとり置き去りにしない未来と社会教育・生涯学習

第1節　持続可能な開発の理念と「誰ひとり置き去りにしない」

　本書が掲げる「誰ひとり置き去りにしない」は，2030年までの国際目標として設定されたSDGs（Sustainable Development Goals：持続可能な開発目標）と，それを提案した文書『我々の世界を変革する：持続可能な開発のための2030アジェンダ』[1]（以下，2030アジェンダ）が発し注目されてきたメッセージである。

　2016年に取り組みが開始されたSDGsは，学校教育や企業活動，インターネットやマスメディアで盛んに取り上げられ，日本社会において急速に認知を広げた。その結果，1980年代から一部の専門家や関心の高い人々の間で議論されてきた「持続可能な開発」について，その必要性が多くの人々の間で共有されたようにみえる。いっぽう，「持続可能な開発」という言葉は，「空っぽの記号」だとも指摘されてきたように，その曖昧さゆえに多様な解釈を生む。立場や価値観によって，具体的に思い描くその実体はさまざまで，それらはときに矛盾や対立をはらむ。そうした矛盾や対立に向き合うこと抜きに事が進められてしまえば，政治，経済，学術，そのほかの面でより大きな権力をもつ者の考える「持続可能な開発」が優先され，そのほかの声はなかったものになったり，かき消されたりする。つまり，「置き去り」にされてしまう。

　「誰ひとり置き去りにしない」持続可能で包容的な社会をめざすには，多様な解釈を貫く「持続可能な開発」の本質的理念を明らかにし，共有することが必要だ。図0-1は，その理念を，アジェンダ2030やこれまでの国際社会における議論をもとに提起したものである。「持続可能な開発」とは，人類が「地球の限界（プラネタリー・バウンダリー）」[2]の枠内で，「包摂・共生（インクルーシブネス）」の価値に基づき「誰ひとり置き去りにしない」ことをめざす社会

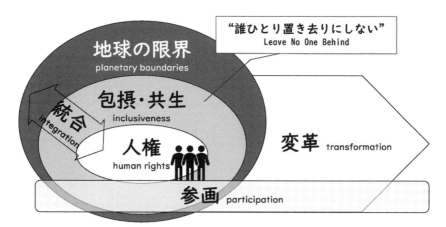

図0-1 「持続可能な開発」の理念
出所：二ノ宮リム（2021）を改訂

を創造し，互いに「人権」を尊重しあう，それらを統合した取り組みである。そしてその実現においては，多様な人々が多様な視点や考えをもち寄り「持続可能な開発」の道を築く過程に「参画」できること，既存の枠組みのなかで場当たり的に問題を解決するだけでなく社会のあり方そのものを「変革（トランスフォーメーション）」することが不可欠なのである。

　こうした理念を軸として確保したとき，多様な解釈の矛盾や対立は変革への可能性を開く鍵となる。人々が互いの人権を尊重しあい，ともに生きることのできる社会を，地球の容量の内に創造すること，そこに多様な人々が「誰ひとり置き去りにされず」参画し，それぞれの立場や価値観の間の矛盾や対立に向き合いすり合わせながら変革を生み出すプロセスとしての「持続可能で包容的な社会づくり」が実現するのだ。

　さて，「誰ひとり置き去りにしない」持続可能で包容的な社会の実現に向けた道筋のうえで，社会教育・生涯学習はどのような意味をもつのだろうか。そのような社会への変革を導く学習・教育とはどのようなものだろうか。一人ひとりが人生を切り拓き社会づくりに参画する過程を支える生涯学習，それを支える社会教育とはどうあるべきか。私たちは，これまでの社会教育・生涯学習

のあり方を批判的に問いながら，新時代の実践を立ち上げていかねばならない。

第2節　SDG 4と「誰ひとり置き去りにしない」社会教育・生涯学習

　SDGs は，人間の基本的な尊厳にかかわる目標1～6番，経済にかかわる目標7～11番，地球環境に関する目標12～15番，平和と公正をめざす目標16番，パートナーシップ推進をうたう目標17番から成る（図0-2）。そのうち，とくに社会教育・生涯学習に深くかかわる目標が4番（SDG4）「質の高い教育をみんなに：全ての人への衡平な質の高い教育と生涯学習の機会を提供する」だ。「誰ひとり置き去りにしない」社会教育・生涯学習を，このSDG4に至る国際社会の議論から考えてみよう。

　SDG4に至る国際的議論には，2つの大きな道筋があった。その1つは，環境教育や持続可能な開発のための教育（Education for Sustainable Development：ESD）が発展してきた経緯だ。1940～50年代ごろから，自然環境の破壊，公害といった環境問題の深刻さが世界各地で徐々に認識され，それらに立ち向かい乗り越えるための教育として環境教育の必要性が注目されるようになった。

図0-2　SDGs（持続可能な開発目標）の17目標

1980年代ごろからは「持続可能な開発」という概念が国際的に議論され，環境問題と，貧困や格差，平和や人権といった経済や社会の問題とのつながりが強調されるようになり，そのようなつながりを認識しながら世界の課題を捉え，よりよい社会をつくる力を育む教育として ESD が注目されることとなった。2005〜2014年にかけては「国連 ESD の10年」がユネスコ（UNESCO：国際連合教育科学文化機関）を主導機関として実施され，これが現在の SDG4，とくにその目標達成に向けたターゲット4.7「2030年までに，持続可能な開発と持続可能なライフスタイル，人権，ジェンダー平等，平和と非暴力の文化，グローバル市民，および文化的多様性と文化が持続可能な開発にもたらす貢献の理解などの教育を通じて，すべての学習者が持続可能な開発を推進するための知識とスキルを獲得するようにする」（外務省仮訳，下線は筆者）につながった。

　そしてもう１つ，SDG4 につながる道筋として重要なのが，1948年の「世界人権宣言」を基盤に，すべての人に教育・学習の権利を実現することがめざされてきた経緯だ[3]。1985年の第４回国際成人教育会議（CONFINTEA：International Conference on Adult Education）で採択された宣言[4]，通称「学習権宣言」[5]は，学習する権利は「人びとを，なりゆきまかせの客体から，自らの歴史をつくる主体にかえていく」「人間の生存にとって不可欠な手段」だとし，「基本的人権の一つであり，その正当性は普遍的である」といいきった。さらに1990年，ユネスコ，ユニセフ（UNICEF：国際連合児童基金），UNDP（国際連合開発計画），世界銀行といった教育にかかわりの深い４つの国際機関がタイ・ジョムティエンで開催した万人のための教育世界会議（World Conference on Education for All，通称ジョムティエン会議）では，「教育が世界のすべての年齢のすべての男女の基本的権利であること」をうたう「万人のための教育（EFA）世界宣言」[6]が採択された。2000年にはセネガル・ダカールで世界教育フォーラムが開催され，2015年までの目標を設定した「ダカール行動枠組」を採択，さらに同年のミレニアム・サミットで採択された「ミレニアム開発目標」（Millennium Development Goals：MDGs）の８目標のうち２つにダカールで策定された目標（初等教育の完全普及，ジェンダー平等推進と女性の地位向上）が取り入れられた。こう

した流れもまた，SDG4につながったのである。2015年には韓国・仁川で実施された世界教育フォーラム2015で「仁川宣言―2030年に向けた教育：包括的かつ公平な質の高い教育及び万人のための生涯学習に向けて」（表0-1）が採択され，SDG4を意識しつつ，基本的人権としての生涯学習を「誰も置き去りにしない」で実現することが不可欠であると明記された。

　つまりSDG4は，環境・社会・経済の調和のとれた持続可能な社会を創る力を育もうとする環境教育やESDの発展と，すべての人に教育・学習を基本的人権として保障していこうとする努力，その2つが出会って1つの目標となったものなのだといえる（表0-2）。これら経緯が合流したいま，すべての人が生きるための権利として，持続可能な未来へ向けて人生を拓き社会を変革するために，学びが保障される社会がめざされている。自らの人生を創り，自分たちの望む社会を創る，そのために力を得る，それを支える教育がすべての人に，誰ひとり置き去りにせず，保障されなければいけない。

　これをふまえれば，社会教育は，人が人として生きていくための基本的な権

表0-1　「仁川宣言―2030年に向けた教育：包括的かつ公平な質の高い教育及び万人のための生涯学習に向けて」第5項抜粋

　我々のビジョンは，教育を通じて生活を変えることであり，教育が，発達のための主な原動力であり，他のSDGs案を達成することにおいて，重要な役割であることを認識している。我々は，危機感を持って，全体論的で野心的なたった一つの，新たな教育アジェンダを公約し，誰も置き去りにしないことを保証する。この新たなビジョンは，提案されたSDG4「包括的かつ公平な質の高い教育の保証と，万人のための生涯学習の機会の促進」とそれに対応する目標に完全に取り入れられている。それは変革と普遍であり，EFAアジェンダ及び教育関連のミレニアム開発目標の'未完の案件'に取り組むものであり，世界的及び国内的な教育の課題に取り組むものである。それは，教育における人間中心のビジョンと人権と尊厳，社会的正義，包括性（インクルージョン），保護，文化，言語及び人種の多様性に基づく開発によりもたらされており，責任（responsibility）と説明責任（accountability）は共有されている。私たちは，教育は公共財であり，基本的人権であり，その他の権利の実現を保証するための基礎であることを再確認する。それは，平和，寛容さ，人間の充足感，持続的発展に不可欠である。我々は，教育が完全雇用及び貧困の根絶への重要な鍵となることを認識している。我々は生涯学習のアプローチにおいて，アクセス，公平性及び包括性，教育の質，学習成果の向上に努めていく。

出所：「世界教育フォーラム2015」2015年5月21日（文部科学省仮訳，下線は筆者）

表 0-2　SDG4「質の高い教育をみんなに」に至る2つの国際的経緯

環境教育・ESD の発展		教育・学習の権利の保障	
1948	国際自然保護協会が「環境教育」という言葉を提示	1948	世界人権宣言
1962	レイチェル・カーソン『沈黙の春』出版	1966	国際人権規約
1972	国連人間環境会議	1979	女性差別撤廃条約
1987	環境と開発に関する世界委員会による報告書『我ら共通の未来』が「持続可能な開発」概念を提示	1985	第4回国際成人教育会議～学習権宣言
		1989	子どもの権利条約
1992	国連環境開発会議（地球サミット：リオ・サミット）	1990	万人のための教育（EFA）世界宣言
		1995	世界社会開発サミット
		1997	第5回国際成人教育会議～ハンブルグ宣言
2002	持続可能な開発に関する世界首脳会議（ヨハネスブルグ・サミット）	2000	ダカール行動枠組　ミレニアム開発目（MDGs）
2005	国連 ESD の10年開始（～2014）		
2012	国連持続可能な開発会議（リオ+20）		
		2015	世界教育フォーラム 2015～仁川宣言
2015　持続可能な開発目標（SDGs）〈2016～2030〉			

利として，自らの人生と社会を創ることを支える学習を，誰ひとり置き去りにせず，すべての人の生涯にわたって保障する役割を担う。いまを生きる私たちをとりまく社会の変化を持続可能な未来への変革につなぐ学習を，人々が対等な関係性のなかで得る社会教育のあり方が求められている。

　2030アジェンダでは，社会のなかで取り残されがちな人々を「脆弱な立場にある人々」と表現したうえで，「子ども，若者，障害者，HIV／エイズとともに生きる人々，高齢者，先住民，難民，国内避難民，移民，女性・女児」を挙げている。また，先述の仁川宣言は，「障害を持つ人々」「紛争地域に住む人々」にとくに着目する。それでは，日本の社会教育・生涯学習が「置き去り」にしてきたのはいったいどのような人々だろうか。筆者はある社会教育関係者の集まりで，各自の実践が置き去りにしている可能性があるのはどのような人々か，問いかけたことがある。そこでは，「ひきこもりの人やその家族」「外国から来た人」「障害のある人」「IT を利用できない人」「ホームレスの人」「介護で忙しい人」「悩みを誰にも相談できずにいる人」などがあげられた。いまこの瞬

間も，これらを含む状況のなかで社会教育・生涯学習，さらに地域社会そのものから取り残されている人々がいる。いっぽう，これらが示すのは，置き去りにされている特定の人というよりも，置き去りにされている状況・課題であり，じつは誰にでもそうした状況・課題をかかえる当事者としての一面がある，または人生のどこかでそうなり得る。そうしたなかで，人びとが学び合い，助け合う対等な関係を築くこと，社会教育・生涯学習にはそれを支える役割が求められる。社会教育が，地域で取り残されている課題を拾い上げ，かかわる人々が学びあいつながる場として，豊かな人生と持続可能な社会を創ることを支えることができるのだ。

第3節　社会参画を支えるシティズンシップの学び

　誰ひとり置き去りにしない未来へ向けて，一人ひとりの豊かな人生と持続可能な社会を支える社会教育・生涯学習を考えるうえで，重要な観点に「シティズンシップ（市民性）」がある。

　シティズンシップを育むことの重要性は，1990年代以降，教育にかかわる国際的な議論や各国の教育政策のなかでたびたび強調されてきた。シティズンシップはもともと，17～18世紀の市民革命以降，国民国家の主権者が段階的に拡大してきたなかで，市民としての権利を表す概念として発展した。1980年代のイギリスやアメリカで，新自由主義，新保守主義の台頭により福祉国家的シティズンシップの理念が失墜した時代を経て，1990年代，アンソニー・ギデンズ（1999）が「旧式の社会民主主義と新自由主義という二つの道を超克する道，という意味での第三の道」と表した状況が出現し，そこでは「福祉国家論が追及した諸個人の権利や平等というモチーフと，保守主義における市場や共同体の再評価という視点とを融合していく際の鍵」（小玉重夫，2003，14頁）となる「新しい政治的公共性…の担い手を指す概念」（19頁）として，シティズンシップが復権することとなったのである。

　それ以降，「持続可能な開発」概念の広がりとも相まって，持続可能な社会を創造する政治的公共性の担い手としてのシティズンシップ，とくに市民とし

て積極的・能動的に社会づくりを担おうとするアクティブ・シティズンシップを育むことの重要性が，成人学習・教育にかかわる国際的議論のなかで繰り返し訴えられてきた。1997年の「成人学習に関するハンブルグ宣言（第5回国際成人教育会議）」は，「人権への十分な配慮に基づいた人間中心的開発と参画型社会のみが持続可能で公正な発展をもたらす」とし，それを支える教育は「アクティブ・シティズンシップの帰結であると同時に社会生活への完全な参加の条件」，つまり成人教育・学習とシティズンシップは相互に欠かせない関係にあることを主張した。また2015年のユネスコ「成人学習及び成人教育に関する勧告（Recommendation on Adult Learning and Education：RALE（2015年勧告）」は，「成人学習及び成人教育は，地域社会の教育，一般の教育又は自由教育として様々に知られているアクティブ・シティズンシップのための教育及び学習の機会も含む。成人学習及び成人教育は，人々に，社会問題（貧困，性別，世代間の連帯，社会的流動性，正義，公平，排除，暴力，失業，環境保護，気候変動等）に積極的に関与するための力を与える」として，シティズンシップが社会の問題に関与しよりよい社会づくりに参画する力として重要であることを示した。さらに，2022年の「マラケシュ行動枠組：成人学習・教育の変革力を実装する（第7回国際成人教育会議）」には，成人学習・教育は「社会的結束を固め，社会情動的スキル開発を強化し，平和を確保し，民主主義を強化し，文化理解を深め，あらゆる差別を排除し，平和的共生やアクティブ・シティズンシップ，グローバル・シティズンシップを促進するための強力な政策対応となる」と記され，地球市民としてのシティズンシップという視点も明示されている。

　ところで，持続可能な社会の創造には，2つの方向性が可能だ。1つは「権威による持続可能な開発」，つまり政治，経済などの分野で権威をもつリーダーが，持続可能な社会のあり方と実現へ向けた方策を示し，民衆を動員または誘導する方向である。もう1つは「多様な主体の参画による持続可能な開発」，つまりさまざまな主体の「参画」によって，持続可能な社会のビジョンに対する認識をすり合わせながら，実現に向けてともに取り組む方向だ。先に述べた，持続可能で包容的な社会づくりとは「多様な人々が『誰ひとり置き去りにされ

ず』参画し，それぞれの立場や価値観，意見の矛盾や対立に向き合いながら，変革を生み出すプロセス」だという考え方は，このうち後者にあたる。現代社会が求めるこのプロセスを実現するためには，人々がそこに参画する力，つまり社会を担う市民としてのシティズンシップを育む学習が欠かせない。

さまざまな成人学習・教育にかかわる国際的な議論の場で繰り返し強調されてきたアクティブ・シティズンシップの教育とは，社会的課題に向き合い，他者とつながって平和，人権，民主主義，共生といった価値を共有し，持続可能な未来を共創する，そのような市民を支える教育である。そこでは，政治的公共性の担い手としてのシティズン（市民）の力を支える視点が重要となる。いっぽう，アクティブ・シティズンシップをうたいながらも，教育が共同体への責任や忠誠，奉仕を要求し，目先の問題解決のみに着目するとき，それはすでにある社会の枠のなかで学習者を動員するだけに終わってしまう可能性がある（ハリー・C・ボイト，2020；小玉重夫，2003参照）。先にみたように，持続可能な開発の理念を構成する軸の1つは「変革」である。既存の社会の枠内でそのシステムに適応し奉仕するだけでなく，社会システムそのものを批判的に捉え，課題を見いだし，変革していくことなしには，持続可能で包容的な社会を創造することはできない。そうした変革を担うためには，政治的公共性を基盤に主体的なアクティブ・シティズンシップを発揮する力が不可欠なのである。

第4節　「対話」を通じた自己と社会の変革・変容と社会教育・生涯学習

持続可能な未来へ向けて社会を変革することは，一人ひとりの市民が変容することと相互に影響しながら進展する。これらを合わせて進める必要性とそれを支える教育の重要性は，2021年に行われたESDに関するユネスコ世界会議で採択した「ESDに関するベルリン宣言」[7]の第6項：我々の約束でも次のように強調されている（抜粋，下線は筆者）。

認知的能力，社会性と情動の学習，個人及び社会的側面の変容に向けた行動能力に共に重点を置きながらESDを実施し，持続可能な開発，平等及び人権尊重に向けた個人の行動変容，並びに経済・社会のシステムレベルでの根本的な構造

> 改革・文化変容を推進し，また，これらの変化をもたらすために必要となる政治
> 的行動を促進する。

　教育の役割として学習者の変容と社会の変革を支えることへの期待は，近年，
教育全体にかかわる議論でも強調されている。そのなかでは，「平和で公正で
持続可能な未来をかたちづくるために，教育そのものが変わらなければならな
い」（UNESCO, 2021, *Reimagining Our Futures Together : A New Social Contract
for Education*）と，教育それ自体も変革すべきことが認識されつつある。

　第1節で確認したとおり，こうした変容・変革への可能性を開くのは，多様
な人々が「誰ひとり置き去りにされず」，それぞれの立場や価値観の矛盾や対
立に向き合い，すり合わせていく過程である。人々が持続可能な開発を実体化
しようとすれば，そこには必ず対立や衝突が生じ，それを乗り越えるためには
「対話」が不可欠となる。ところが，現実には対立の多くが「行き詰まってし
まうか，力によって強引に解決され」（アダム・カヘン，2008）てしまう。その
結果，「持続可能な開発」は力の強い者の解釈や意向に沿って実体化され，そ
れ以外の声は取り残される。では，「対話」とは何か。デヴィッド・ボーム（2007）
は，「対話とは『新たなものを一緒に創造する』こと」であり，そうした対話
は「人々が偏見を持たず，互いに影響を与えようとすることもなく，また，相
手の話に自由に耳を傾けられる場合」に限って実現すると述べた。劇作家の平
田オリザ（2012）は，対話とは「AとBという異なる二つの論理が擦りあわさ
り，Cという新しい概念を生み出す」ものであり，「両者ともに変わるのだと
いうことを前提にして話を始める」ものなのだと説く。また，中島義道（1997）
は，「〈対話〉のある社会」について以下のように論じる。

> …弱者の声を押しつぶすのではなく，耳を澄まして忍耐づよくその声を聞く社会
> である。それは，漠然とした「空気」に支配されて徹底的に責任を回避する社会
> ではなく，あくまで自己決定し自己責任をとる社会である。（中略）それは，相
> 手に勝とうとして言葉を駆使するのではなく，真実を知ろうとして言葉を駆使す
> る社会である。それは，「思いやり」とか「優しさ」という美名のもとに相手を
> 傷つけないように配慮して言葉をグイと呑み込む社会ではなく，言葉を尽くして
> 相手と対立し最終的には潔く責任を引き受ける社会である。それは，対立を避け

> るのではなく，何よりも対立を大切にしそこから新しい発展を求めてゆく社会である。それは，他者を消し去るのではなく，他者の異質性を尊重する社会である。

　これらから浮かび上がるのは，対等な関係性のなかでそれぞれが自立した立場から相手と交流し，異なる見方や価値観，論理をすり合わせて新しいものを生み出すプロセスとしての「対話」である。持続可能な社会づくりに参画する多様な人々の間に，対等な関係性に基づく真の「対話」を実現するためには，それぞれが「対話」を実現する力を得る教育・学習が欠かせない。ところが，教育の現場では，「政治的中立性」の旗印のもと対立を伴う課題は隠される・避けられることがある。「対話」を生み出す教育とは，学習者が対立を伴う課題に向き合いながら「対話」を実現する力を得る教育をいう。そこでは，教育・学習の基盤となる文化としての「対話」が求められる。

　「対話」の力を育むことは，人々が持続可能な社会づくりに参画するためのエンパワメントを意味する。脆弱・周縁的な立場にある者にとっては，自らの声を合意形成の過程に反映させるための力となり，強い・権威的な立場にある者にとっては，多様な声を尊重する力となる。こうした力を育てる教育・学習において重要となるのは，「学習者の文脈における意味づけ」をふまえつつ，それぞれの「感情の価値を認める」「感情を受けとめあう」「ニーズを共有しあう」ことによって，主体同士が「人間としてつながる」ことである。その土台には，その教育・学習実践そのものが，「対話」の文化・精神性を体現する状況が求められる。

第5節　本書の構成

　本書は，SDGs の登場により広く社会にその価値が共有されつつある「誰ひとり置き去りにしない」「持続可能で包容的な社会」の実現に向けた道筋を見据えつつ，それを支える社会教育・生涯学習のありようを多角的に論じることをめざす。社会教育・生涯学習を学び考えるすべての人に，基礎的かつ包括的な知識と，持続可能性へ向けた人と社会の変容・変革を導く学習・教育について考える機会を提供する入門書として，一人ひとりが人生を切り拓き社会づく

りに参画する過程を支える生涯学習, そのための社会教育とはどうあるべきか, 以下の側面から全体像を提示する。

　第1章では, 社会教育・生涯学習の理念について, 戦後日本の法制度における位置づけと国連・ユネスコの議論をそれぞれ紹介しつつ, その違いを批判的に示し, グローバリゼーション時代の諸課題に向き合いながら実践の蓄積を発展させる「社会教育としての生涯学習」が求められていること, 「公民と市民の分裂」を「協同性」「公共性」の形成で克服することを提起する。

　第2章では, 社会教育・生涯学習の歴史に着目し, 戦後日本における新憲法と民主主義の学校として社会教育が発展するなか「公民館」が誕生した経緯から, 国による統制の強化や高度経済成長政策下の運動の進展と模索, 生涯学習政策の登場と終焉, そして新型コロナウイルス感染症（以下, 新型コロナ）への対応と「ポストコロナ社会」へ向けたさらなる模索を論じる。

　第3章では, 社会教育・生涯学習にかかわる日本の法・制度について, 教育基本法や日本国憲法の精神を前提としつつ, すべての人の「学ぶ」権利を保障する国際的な理念と日本国内の事情を踏まえながら整備されてきた経緯とその特徴や課題, さらに新型コロナへの対応のなかで浮上した問題と今後の可能性が明示される。

　第4章では, 社会教育・生涯学習を保障する財政について, 社会教育行政の第一義的責任をもつ市町村を中心に, 地方財政の状況とその社会教育への影響, 社会教育費の現状と課題を整理し, 学ぶ権利を人々が相互に保障しあう民主的なシステムとしての社会教育財政を提起する。

　第5章では, 社会教育・生涯学習と地域づくりとの関係について, 長野県松本市の住民と職員による地域づくりシステムの事例を紹介しながら, 公民館, 福祉ひろば, 支所・出張所, 地域づくりセンターといった異なる機能を持つ拠点の連携に支えられた住民相互の学び合いと実践により「地区自治」を実現するプロセスを論じる。

　第6章では, 社会教育・生涯学習を支える施設として, とくに公民館に着目し, その意義と課題, 公民館職員の専門性について整理するとともに, これか

らの公民館のあり方について，人づくり・つながりづくり・地域づくり，住民の自治力形成，行政やNPO法人などの連携や協働といった観点から提起する。

第7章では，図書館について，立地，使いやすさ，感染症蔓延を含む災害時の対応などの点から，あらゆる人の学習を支える社会教育施設としてのあり方を論じるとともに，図書館職員の専門性や，図書館の多面的な役割を提示する。

第8章では，博物館について，その数や関連法制，登録，設置，運営，管理といった点から制度の現状を整理しつつ，その具体的な活動について，専門職としての学芸員にも着目しながら紹介し，市民の学習を支えるための実践を論じる。

最後に終章では，ポストコロナ・SDGsの社会教育・生涯学習について，新型コロナによるパンデミックに伴う社会への影響と対応を振り返りながら，とくに社会教育施設の「災害に向き合う」役割を論じ，ポストコロナ社会に向けて，パンデミックの経験を社会教育・生涯学習の課題として研究しつづける必要性が提示される。

新型コロナの蔓延下で，人々が集い学ぶ機会はしばしばトップダウンで制限され，地域の関係が希薄になり，社会的排除問題の深刻化，市民の積極的な社会参画・活動，つまりアクティブ・シティズンシップの低下が生じた。また，政府による行動制限要請への評価や対応をめぐる分断も生じてきた。いっぽう，コロナ下で発達したオンライン会議などを用いる学習の方法により，これまで社会教育の場に足を運びにくかった，たとえば障害のある人，育児・介護中の人，ひきこもりの人，忙しい人などに対してより機会を開くことができた面もある。ポスト・コロナ社会へ向けて，対話の文化に基づきシティズンシップを育む「誰も置き去りにしない」社会教育・生涯学習とはどのようなものか，これから社会教育・生涯学習を学ぼうとする初学者だけでなく，すでに実践にたずさわる人も社会教育・生涯学習のあり方を批判的に問い新時代の実践を立ち上げていくために，さあ，頁をめくり学びあおう。

注

1）2015年9月25日第70回国連総会，文部科学省仮訳　https://www.mofa.go.jp/mofaj/files/00010142.pdf（2022年12月21日閲覧，以下のURL同じ）。

2）ストックホルム・レジリエンス・センター元所長ヨハン・ロックストロームを中心とするグループが発表し（Johan Rockström et.al.（2009）Planetary Boundaries: Exploring the Safe Operating Space for Humanity, *Ecology and Society*, vol.14, no. 2, art.32），その後も発展している概念。詳細はStockholm Resilience Centre ウェブサイト "Planetary boundaries", https://www.stockholmresilience.org/research/planetary-boundaries.html。

3）外務省ウェブサイト「万人のための質の高い教育：分野をめぐる国際潮流」https://www.mofa.go.jp/mofaj/gaiko/oda/bunya/education/.

4）UNESCO（1985）"Final Report: Fourth International Conference on Adult Education", 19–29 March, Paris, https://unesdoc.unesco.org/ark:/48223/pf0000066114.

5）国民教育研究所訳は，社会教育推進全国協議会編『社会教育・生涯学習ハンドブック第9版』185頁を参照。

6）The World Conference on Education for All（1990）"World Declaration on Education for All: Meeting Basic Learning Need" https://bangkok.unesco.org/sites/default/files/assets/ECCE/JomtienDeclaration.pdf.

7）ESDに関するユネスコ世界会議（2021）「ESDに関するベルリン宣言」文部科学省仮訳，https://www.mext.go.jp/unesco/004/mext_01485.html.

引用・参考文献

カヘン，アダム（2008）『手ごわい問題は，対話で解決する』ヒューマンバリュー

ギデンズ，アンソニー（1999）『第三の道』日本経済新聞社

小玉重夫（2003）『シティズンシップの教育思想』白澤社

中島義道（1997）『対話のない社会』PHP研究所

二ノ宮リムさち（2021）「序章　SDGs—『持続可能な経済社会』を知る・わかる・伝える」『知る・わかる・伝えるSDGs Ⅱ　エネルギー・しごと・産業と技術・平等・まちづくり』学文社

平田オリザ（2012）『わかりあえないことから—コミュニケーション能力とは何か』講談社

ボイト，ハリー・C.（2020）『民主主義社会を創り出す：パブリック・アチーブメントの教育』東海大学出版部

ボーム，デヴィッド（2007）『ダイアローグ：対立から共生へ，議論から対話へ』英治出版

UNESCO（2021）*Reimagining Our Futures Together: A New Social Contract for Education*, https://unesdoc.unesco.org/ark:/48223/pf0000379381

第 1 章　社会教育・生涯学習とは何か ― 理念

第1節　戦後の民主化と社会教育

　本章の課題は，社会教育・生涯学習の理念を再整理し，第2章以降へ橋渡しすることである。まず社会教育から始めよう。私たちが当面している社会教育は「戦後日本社会教育」であり，戦前・戦中の悲惨な経験への反省をふまえた，戦後の民主化過程で生まれた。それは，憲法・教育基本法・社会教育法体制と呼ばれる法制度に位置づけられている。それゆえまず，その「法理念」について考えておく必要がある。

　日本国憲法の理念は，近代政治革命の理念（自由・平等・友愛）を発展させた，国民主権・基本的人権・平和主義を「三大原理」としている。COVID-19によるパンデミック（「コロナ危機」）とウクライナ戦争に遭遇している現在，これらの理念間に緊張関係はあれ，ますます重要な理念となってきている。憲法の理念の実現は「根本において教育の力にまつ」（1947年教育基本法前文）とされたが，社会教育は基本的人権とくに，生存権・労働権とともに「社会権」として位置づけられた「教育権」の一環である（1947年世界人権宣言，1966年 A 規約）。

　「教育を受ける権利」（憲法第26条，英訳は「教育への権利：the right to education」＝学習権）は「すべての国民：people の権利」である（「人権としての教育」）。「すべての国民」には，もちろん，大人も含まれる。教育基本法第1条の目的（人格の完成，国家及び社会の形成者，心身ともに健康な国民の育成など）は大人にも共通する。その方針（第2条）は「あらゆる機会，あらゆる場所において実現されなければならない」とされた。さらに，「学問の自由を尊重し，実際生活に即し，自発的精神を養い，自他の敬愛と協力によって，文化の形成と発展に

貢献するよう努めなければならない」という。以上は、「生涯学習」の目的・方針だといってもよい。そうした教育の一環として、「社会教育」（教育基本法第7条では「家庭教育及び勤労の場所その他社会において行われる教育」）が位置づけられたのである。

　1949年、教育基本法の精神に基づく「社会教育法」が制定された。その対象領域は、「学校の教育課程に基づく教育」以外の「青少年及び成人に対して行われる組織的教育活動」だとされた。この定義はのちに、国際開発教育のなかで生まれ、一般化されていく「不定型教育：Non-Formal Education」の概念に相当する。

　社会教育の内容は「実際生活に即する文化的教養」（社会教育法第3条）である。ただし、「実際生活」と「文化的教養」は分裂の可能性があり、実際にその後の高度経済成長時代には、公的社会教育の活動が文化・教養あるいはスポーツ活動に偏っていく傾向（「教養主義」）があったから、「実際生活に即した」学習、とくに生活課題や地域課題にかかわる学習と「文化的教養」形成を結びつけようとして、これまでに多くの実践的経験が積み重ねられてきた。

　社会教育法で国・地方公共団体の任務は、すべての国民が「みずから（実際生活に即する文化的教養を）高め得るような環境醸成」（第3条）である。この「みずから…高め」に、社会教育の本質は国民の「自己教育・相互教育」（当時の文部省社会教育課長・寺中作雄の国会説明）だということが表現されている。「自己教育・相互教育」（あわせて「自己教育活動」という）こそ、学習者みずからが主体的に行う教育活動である。自己実現を目的とする（狭義の）「自己教育」と、相互承認を目的とする「相互教育」には緊張関係もある。それゆえ、両者を統一し、学習者が何のために何をどう学ぶかを獲得していく過程＝「自己教育主体形成」を援助・組織化する教育実践のあり方が問われる。青少年・成人に対する「組織的教育活動」の基本課題である。

　文部省（当時）が推進する社会教育は、通産省や厚生省との職掌分担では「公民教育」を担うものとされ、戦後民主化のために「民主主義の主体化」「生活方法（様式）としての民主主義」が問われた。具体的な教育は市町村主義によ

り，「民主主義の学校」とも呼ばれた「地方自治」（憲法第8章）の精神，つまり団体自治と住民自治によって推進するものとされた。社会教育法に規定された社会教育委員会制度や公民館運営審議会などは，それを現実化するものである。

　社会教育の方法は「施設の設置及び運営，集会の開催，資料の作製，頒布その他の方法」とされ，「あらゆる機会，あらゆる場所を利用して」多様な形態がとられる。教育基本法第7条（社会教育）では，国および地方公共団体は「図書館，博物館，公民館等の施設の設置，学校の施設の利用その他適当な方法によって教育の目的を実現に努めなければならない」とされ，とくに「施設教育」が前面に出されている。戦前の「団体教育」への反省から，自由な人格が自由に公共的施設を利用して行う自己教育活動が重視されたからである。

　さて，以上のような戦後社会教育の独自性が現場で本格的に問われたのは，とくに「青年学級振興法」制定（1953年）をめぐってであった。「学級」という形式は社会教育本来の姿なのか，日本青年団協議会が法制定に賛成から反対にまわるといった，激しい議論がなされた。そこから，米国占領軍や行政によって推進されるグループワークや「承り学習」を批判し，「学習の主体化」をめざす「共同学習」運動が提起された。戦後自己教育運動の原点である。かかわる研究者の間では「社会教育構造論争」が展開された。その結果を，「生涯教育3類型」および教育目的との関連で整理すれば，表1-1のようである。

表1-1　学校教育規準の生涯教育3類型と社会教育の位置

生涯教育3類型	教育関係	教育目的	教育形態	事例
学校教育＝定型教育 Formal Education	教師－教育内容（教材）－生徒	文化的教養形成	学校・教師	学級・授業
社会教育＝不定型教育 Non-Formal Education	学習内容－学習者	自己実現	自己教育（教義）	博物館・図書館
	学習者－学習者	相互承認	相互教育	社会教育団体
非制度的＝非定型教育 Informal Education	全生活過程（実際生活）	生活の再生産・向上	社会的形成（社会活動）	社会集団・組織（組織的活動）

生涯教育3類型は多様に定義されうる。ここでは，「教育者－学習者」関係を基本にして，専門的職員・関連職員が企画し提供する教育を「定型教育」，専門職員・関連職員が学習者と協同して進める教育を「不定型教育」，地域住民＝学習者が主体となって組織化する教育を「非定型教育」であると理解している。既述のように「社会教育」は，不定型教育である。すべての国民の「権利としての」自己教育活動（＝非定型教育）を援助・組織化することが，公的社会教育の役割となった。

　このような社会教育実現のために，社会教育関係団体が活動する公民館と図書館・博物館そして体育館が設置され，社会教育主事・図書館司書・博物館学芸員あるいは公民館主事・体育主事（任意）が配置されてきた。その後の施設・職員の動向については後続章，生涯教育3類型と社会教育の背景と具体的関連についてくわしくは，鈴木敏正『学校型教育を超えて』（北樹出版，1997）を参照されたい。

第2節　グローバリゼーション時代の生涯学習

　上述のように，戦後社会教育の理念のなかには事実上の生涯学習が含まれていた。しかし，「生涯学習」が明示され，教育政策の中心に位置づけられて展開してくるのは，冷戦体制崩壊後のグローバリゼーション時代においてである。「生涯学習」はすぐれて，グローバリゼーション時代の政策理念である。

　「生涯学習」時代の前に「生涯教育」時代があった。生涯教育理念は，1965年，P. ラングランの国連での提起に始まり，1970年の国際教育年をとおして世界中に広がっていった。日本ではいち早くそれを，高度経済成長に伴う社会の高度化・多様化と同時に，吹き出た教育病理（学歴社会化と受験主義競争，落ちこぼれと校内暴力など）に対応する教育政策原理として採用した。しかし，それは「自己形成し自己教育し，進歩するという人間存在の恒常的かつ普遍的な要求」を充足する「新しい教育理念」（ラングラン『生涯教育入門』1970）だという，日本の自己教育活動理解の見直しにもつながる理念をふまえたものというよりも，教育にかかわる制度の垂直（年齢段階）的・水平（活動諸領域）的

統合を進めるという結論だけを取り上げたものであった（1971年中央教育審議会答申および社会教育審議会答申）。これに対する批判もあって，より学習者の立場を重視するものとして提示されたのが「生涯学習」である（1981年中央教育審議会答申）。

　生涯教育から生涯学習へと政策展開する時代は，「戦後民主主義」が問われた時代でもあった。生涯学習時代は，「戦後教育の総決算」を標榜した中曽根康弘首相（当時）の諮問機関＝臨時教育審議会（1984-87年）が教育改革の方向を「生涯学習体系への移行」とし，生涯学習振興法（1990年）が制定されることによって開始された。この過程で，同審議会の外部からも戦後「教育」への否定的見解が表明され，「社会教育の時代は終わった」（「社会教育終焉論」）という主張もなされた。

　しかし，生涯学習振興法には「生涯学習」の定義はない。同法は教育基本法にふれず，教育法というよりも，教育・文化産業などの「民間活力の利用」を重視する，市場主義的＝新自由主義的な政策理念に基づく産業法としての側面をもつ。主務官庁は文部省と通産省であり，生涯学習は，厚生省・労働省（いずれも当時）などとも連携し，「総合行政」として進められることとなった。社会教育法との関係は不明確で，旧来の教育行政の前提であった「市町村主義」ではなく「都道府県主義」あるいは国家主導のトップダウン的性格が強い。それゆえ，各地域で取り組まれた生涯学習計画策定や生涯学習行政においては「行政主導か住民主導か」が問われてきたが，政策的には生涯学習が社会教育よりも優先されるなかで，各地域に生涯学習が定着していった。

　そうした先に，2006年，大幅改定された教育基本法に登場する「生涯学習の理念」（第3条）がある。新法で「生涯学習」は，社会教育や学校教育・家庭教育などの上位概念となった。その理念は，「国民一人一人が，自己の人格を磨き，豊かな人生を送ることができるよう，その生涯にわたって，あらゆる機会，あらゆる場所において学習することができ，その成果を適切に生かすことができる社会の実現」を図ることだという。第一に，個人主義的学習理解，第二に，民間活力を利用した学習条件整備，第三に，学習の「成果を適切に生か

すことができる社会」＝学習社会をめざしていることが特徴的である。

　このような政策的生涯学習の理解は，国連・ユネスコを中心に進められてきたそれと大きく異なる。日本の教育基本法・社会教育法に事実上含まれていた権利である「社会教育としての生涯学習」の発展方向は，むしろ以下に述べる国際的動向のなかにある。

　国際教育年のあと，ユネスコは教育開発国際委員会（通称フォール委員会）報告書『未来の学習』を発表（1972年），政府間と人々の連帯，民主主義，「人間の完全な実現」のために，全生涯にわたって「人間として生きることを学ぶこと：learning to be」ができる社会を実現する生涯教育の必要性を強調していた。「人格の完成」の見直しにつながるもので，学校教育に関しても「教育を受ける人間は自らを教育する人間に」「他人を教育することが自己自身を教育することに」として，自己教育・相互教育論の必要性を指摘していることも注目される。

　ラングランのあとを継いで成人教育担当者となったE. ジェルピは，生涯教育への理想主義的あるいは否定主義的アプローチを排し，学習者は「抽象的・普遍的個人として理解されるのではなく，歴史的・社会的・実存的文脈の中に位置付けられる人間」だという。そして，生涯教育は人間の「抑圧か解放か」にかかわるものだとし，「進歩主義的生涯教育の３要素」として，①自己決定学習（self-directed learning），②動機に応える教育，③活動に導く教育をあげた（ジェルピ／前平泰志編訳『生涯教育』東京創元社，1983）。何のために何をどう学ぶかをわがものとする①は，日本の社会教育の本質＝自己教育活動の発展につながる。②や③は，「実際生活に即する」社会教育にかかわる。

　生涯学習に向けての大きな転換点となる「学習」理解は，ユネスコ第４回国際成人教育会議の「学習権宣言」（1985年）で提起された。同宣言は，学習活動は「成り行き任せの客体から，自らの歴史をつくる主体に変えていくもの」だという「主体形成の学習」宣言である。それは「人権中の人権」，それなしには「何人も成長することができない」もので，あらゆる教育活動の中心にあるものだとされている。その項目は，以下の①〜⑥である。

①社会的動物として不可欠な言語的コミュニケーションのための「読み書きの権利」
②知的・探求的動物として成長するための「疑問を持ち，熟慮する権利」
③自由な実践的主体として「構想し，創造する権利」
④歴史を持つ存在として，さらに個人および集団としてのアイデンティティを形成するための「自分の世界を読み取り，歴史を綴る権利」
⑤学習を具体化するための「あらゆる教育機会に接する権利」
⑥個性的かつ共同的存在として発達するための「個人的・集団的技能を伸ばす権利」

　一般に生涯学習権を⑤として理解する傾向が強いなかでは，画期的宣言だった。学習権は人間が人間として生きていくうえで不可欠なものであるがゆえに，「人権中の人権」なのであるが，⑤および⑥はまさに自己教育・相互教育の権利だといえる。

　「学習権宣言」は，既述の臨時教育審議会（1984〜87年）の初期段階で，日本政府も参加し署名して採択されたものであるが，日本の教育政策に生かされることはなかった。生涯教育から生涯学習に転換し，学習の重要性を強調しても，人間的権利としての位置づけも定義もないような生涯学習振興法はもちろん，改定教育基本法（2006年）の「生涯学習の理念」における「学習」理解と比較してみればよくわかる。

　その後の国連・ユネスコは，世界各地での経験をふまえて1997年，第5回国際成人教育会議で「ハンブルク宣言」を採択した。同宣言は，「人間中心的開発と人権への十分な配慮に基づいた参画型社会のみが持続可能で公正な発展をもたらすという，人間的に公正で持続可能な発展」を基本方向としている。1990年から展開された「国連・人間開発計画」および「地球サミット」（1992年）とその人権版＝世界人権会議「ウィーン宣言」（1993年）の成果（「環境権」「自己決定・発展の権利」「女性・マイノリティの権利」など）をふまえたものである。学習権宣言が理念を提起したものだとすれば，ハンブルク宣言は「人間的に公正で持続可能な」「参画型社会」に向けた「行動提起」の宣言である（鈴木敏正『エンパワーメントの教育学』北樹出版，1999）。

　青年・成人教育の目的については，次のようにいう。すなわち，「人々と地

域社会が当面する諸挑戦に立ち向かうために，自らの運命と社会を統制できるようにすること」だ。1980年代から，第三世界（「発展途上国」）では内発的でオルタナティブな発展を求める運動があった。第一世界（「西側先進国」）では，戦後福祉国家を支えたリベラリズムに対して自己決定・自己統治を重視するコミュニタリアニズム（共和主義的共同体論）やフェミニズムなど「新しい社会運動」からの批判があった。この定義はそれらを反映したものと考えられ，社会民主主義的ヨーロッパの「補完性原理」とも響き合うものである。

　同宣言は，成人教育は「権利以上のもの」で「21世紀への鍵」だとしているが，生涯学習論として注目すべきは，１つに，成人学習は「定型的で継続的な教育，不定型的な学習，…非定型的および偶発的な学習の全域」を含むものだとしていることである。既述の「生涯教育３類型」の理解が前提となっている（「偶発的：incidental」学習とは，学習を主目的にしない活動から生まれる学習）。もう１つに，学習は生涯的で「生活全体をとおした学習：learning throughout life」だという展望にふれていることである。それは，国連・21世紀教育国際委員会の報告『学習：秘められた宝』（1996年）で提起されたものである。同報告は，それまでの教育では，①知ること：to know，②なすこと：to do を学ぶことが進められてきたが，21世紀には③人間として生きること：to be，④ともに生きること：to live together を学ぶことが重要となると強調していた。これらを21世紀型学習の「四本柱」という。

　これに対して日本政府は，グローバルな「大競争」に打ち勝つための「人材」育成を中心にした，市場原理に基づく「新自由主義的教育改革」を推進してきた。政策に取り入れられていくのは，上述のような国連・ユネスコ発の生涯教育・学習論ではなく，知識基盤社会における「コンピテンシー（遂行能力）」や「被雇用能力：employability」形成論など，経済開発協力機構（OECD）あるいは EU 発の学習論である。それは，学習指導要領の中心的学習論にまでなってきた。

第３節　ポスト・グローバリゼーション時代の「社会教育としての生涯学習」

　第１・２節でみてきたことをふまえるならば，現段階の日本で求められてい

るのは，グローバリゼーション時代がもたらした諸課題をふまえつつ，憲法・教育基本法・社会教育法体制に位置づけられ，地域で実践的に蓄積されてきた「社会教育」を発展させるような生涯学習，すなわち「社会教育としての生涯学習」であるといえよう。

　アメリカと多国籍企業・国際金融資本，IMF や世界銀行そして WTO などの国際機関，そして市場競争優先の新自由主義的政策を採る各国政府が進めてきた経済的グローバリゼーションは，アメリカ発のリーマン・ショック（2008年）を契機とする世界金融恐慌で破綻した。中国の台頭，EU やイスラム世界の展開など，多極化の動向もみられるなか，ポスト・グローバリゼーションが議論されているのが現段階である。

　新しい政治的・経済的・社会的・文化的そして技術的諸条件のもとで，グローバリゼーションがもたらした地球的問題群をどう解決していくかが基本課題である。その「双子の基本問題」は，グローカル（グローバルにしてローカル）な環境問題と格差・貧困・社会的排除問題である。前者では「世代間公正」，後者では「世代内公正」が問われてきたが，過酷な原発事故を伴った東日本大震災（2011年）から，気候危機と頻発する異常気象，そしてパンデミック（「コロナ危機」）とウクライナ戦争まで，グローカルな諸問題への対応はいまや待ったなしになっている。

　第 6 回ユネスコ国際成人教育会議（2009年）は，ハンブルク宣言をふまえつつ，さらに21世紀の参画型民主主義の発展に寄与しようとする「ベレン行動枠組」を発表した。そこで生涯学習は「包容的で解放的，人間的，民主的な諸価値に基礎をおくあらゆる形態の教育の哲学であり，概念的枠組み」と定義された。「包容＝包摂的：inclusive」が最初に掲げられているように，この間の世界的格差拡大のなかでの「貧困・社会的排除：social exclusion 問題」への取り組みを反映し，それは具体的勧告にも現れているが，そのことによって，理念としてはより包括的になっている。それは「人間存在：human beings」とその活動への理解の深まりと広がりに伴うものである。既述のフォール委員会『未来の学習』（1972年）が提起した「人間として生きることを学ぶこと：learning to be」を起点とし、「学習権宣言」『学習：秘められた宝』（1996年）および「ハンブルク宣言」をくぐって、理念からアジェンダ、行動枠組へと進む過程で深まってきた学習理念だといえる。

　この間に、ヨハネスブルク・サミット（2002年）で「持続可能な発展のための教育（ESD）」が提起された。日本政府とNGOが提起した「ESDのための10年：DESD（2005-2014）」が展開され、その総括会議では「あいち・なごや宣言」（2014年）が採択された。そこで注目すべきは、「学習者自身および学習者が暮らす社会を変容＝変革 transform させる力を与えるESDの可能性を重視」（宣言8）していることである。それは、ハンブルク宣言がいう「青年・成人教育の目的」（自らの運命と社会を統制できるようにすること）の発展だといえる。DESDの後継「ESDに関するグローバル・アクション・プロジェクト（GAP）」はESDの教育原則を提起したが、そこでESDは、教育・学習の中核にあって「社会を持続可能な発展へと再方向づける変革的な：transformative 教育」で、批判的思考とシステム思考、「将来を構想する力」や参加・協働型の意思決定などを向上させる「革新的な参加型教育及び学習の方法」を採るとされている。

　以上を整理してみれば、表1-2のようになろう。ここでは、『学習：秘められた宝』が提起した21世紀型の「学習四本柱」に、社会的協同実践によって「ともに世界をつくることを学ぶ」を加えて「学習五本柱」としている。これに対

表1-2　学習権宣言・「学習四本柱」から変革的教育へ

	対象 （have）	行為 （do）	自己 （be）	人間関係 （communication）	連帯・社会的協同 （transformation）
学習四本柱	知ることを学ぶ	なすことを学ぶ	人間として生きることを学ぶ	ともに生きることを学ぶ	ともに世界をつくること（自分自身と社会の変革）を学ぶ
学習権宣言	あらゆる教育資源に接する権利、質問し熟慮する権利	構想し創造する権利、個人的技能発展の権利	自分の世界を読み取り、歴史を綴る権利	読み書く権利、集団的技能発展の権利・・→自らの運命と社会の統制（ハンブルク宣言）	変革的教育（GAP）→成人学習・教育の変革力の実装（マラケシュ行動枠組）

応して,「学習権宣言」(第5項目を2つに分割)には,「ハンブルク宣言」および「マラケシュ行動枠組」(2022年)の提起を加えている。

　SDGs 時代の気候危機,新型コロナ・パンデミックとウクライナ戦争の最中に開催された第7回国際成人教育会議は,「成人学習・教育の変革力を実装する：harnessing the transformational power(マラケシュ行動枠組)」を採択した(2022年6月)。戦後日本の社会教育は「自己教育・相互教育」を本質とし,自分を変えることとまわりの世界を変えることを統一する学習活動を,自己教育活動・運動として蓄積してきた。不定型教育としては,生涯学習全体を組織化し,構造化し,創造的にハイブリッド化する位置にある。「自らの運命と社会を統制できるようにする」ための社会的協同実践を育てる「変革的教育」に向けて,「社会教育としての生涯学習」の出番である。

　日本政府の第2期教育振興基本計画(2013-2017)は,東日本大震災でいっそう顕在化・加速化してきた「我が国を取り巻く危機的状況」に対応するために,「自立・協働・創造」の3つの理念の実現に向けた「生涯学習社会の構築」を目標にかかげた。それは第3期(2018-2022)にも引き継がれた。その「生涯学習社会」はしかし,国連「持続可能な発展(SD)」が求めてきた「世代間・世代内の公正」「持続可能で包容的な社会」の実現の方向にあるのか。教育行政の基本的方向として,第一に「社会を生き抜く力」,第二に「未来への飛躍を実現する人材」の育成を掲げた基本計画,公助抜きの自助・共助を強調する政策をみると疑問といわざるをえない。第3期計画では,AI,IoT,ビッグデータなど,「デジタル革命(DX)」による「Society5.0」という将来社会像が強調され,「生涯学習社会」構築そのものの影が薄れている。

　ボトムアップの教育計画とそのネットワーク化が求められている。現在進行中のSDGsに含まれている,ローカル・ナショナル・リージョナル・グローバルにわたる「地球市民性教育：Global Citizenship Education(GCED)」は,当面する新型コロナ危機やウクライナ戦争に対応するためにも,喫緊の課題である。その基盤となるのは,「持続可能で包容的な地域づくり」をめざして,関連する学習を援助・組織化し,構造化・計画化するローカルな実践である。あ

らためて「民主主義の学校」＝「地方自治」の本旨に基づく社会教育の理解に立ち戻りつつ，グローカルな視点から「社会教育としての生涯学習」計画＝実質的「地域 ESD 計画」づくりに取り組むことが必要となってきている。

第4節　現代民主主義と社会教育・生涯学習の課題

　第1節でみたように，「社会教育としての生涯学習」は，戦後民主化の過程で始まったといえる。民主主義はしかし，「未完のプロジェクト」（J. ハーバマス）であり，「永久革命」（丸山真男）だともいわれてきた。

　戦後の日本を含む先進資本主義国で支配的だったのは，社会主義諸国の「人民民主主義」に対する「自由民主主義」であった。後者が勝利したはずの冷戦体制崩壊後，「民主主義なき自由主義」（新自由主義＝リバタリアン）と「自由主義なき民主主義」（新保守主義，大衆主義＝ポピュリズム）の台頭を伴った，「自由民主主義の分裂」が進展している（ヤシャ・モンク『民主主義を救え！』岩波書店，2019）。最近では，社会的格差拡大のなかでの政治的無関心層の増大に加え，社会の分断・対立をもたらす権威主義的ポピュリズムや「官邸政治と忖度行政・マスコミ」の跋扈など，「民主主義の下での民主主義の危機」が進んでいる。自由と平等を「連帯と社会的協同実践」によって統一する民主主義，そして「民主主義の主体化」を進める「市民性教育」や「主権者教育」の必要性が叫ばれる背景である。

　教育理念にかかわっては，より基本的な問題がある。教育の目的は「人格の完成」であり，「国家及び社会の形成者」の育成とされてきたが，近代に始まり現代に至る現実的な「近現代的人格」は，「公民と市民の矛盾」（「国家の形成者」と「社会の形成者」の分裂）と，市民における「私的個人と社会的個人の矛盾」という基本的矛盾をかかえている。これらを，これまでに提起され，しばしば相互に対立してきた基本的な教育理念とのかかわりで示すならば，表1－3のようである。

　ここで示した教育理念をどう調整・統一していくかが実践的課題である。私的個人と社会的個人の矛盾を克服する「協同性」の形成をとおして，公民と市

表1-3　近現代的人格と教育理念

近現代的人格の諸側面		教育理念	実践的課題
類的存在	地球市民	世界主義	持続可能性（世代間・世代内公正）
公　民	国家公民	国家主義	公共性 （主権者→自己統治主体）
	道徳的人格	規範主義	
市　民	社会的個人	社会的機能主義	協同性 （自己実現と相互承認→社会形成者）
	私的個人	個人的自由主義	

民の分裂を克服する「公共性」を形成することが，社会教育の基本課題である。既述のように，その公共性の追求は，いまやローカル・ナショナル・リージョナル・グローバルをつなぐ「地球市民＝世界公民」形成をも現実的課題とするまでになっている。

　近代の「世界公民」は，永遠平和を主張したI. カント（「世界公民的見地における一般史の構想」1784）に代表される理念で，国際連盟設立から国際連合への発展に影響を与えた。その理念は今日，「世界主義：cosmopolitanism」に基づく「地球市民性：global citizenship 教育」として，地球的正義＝「世代間・世代内の公正」の理念を実現する「持続可能性」を問うている。自己実現を目的とする「自己教育」，相互承認を目的とする「相互教育」を実践的に統一して，人々が「自己教育主体」となることを援助・組織化することを課題としてきた社会教育実践の，新たな発展が求められる重要な理由である。その課題に応えるのはまさに「永久革命」，日本での経過と現状を考えるなら，旧来の社会教育・生涯学習の枠を超えた飛躍的発展が求められる。

　これまで社会教育・生涯学習の理念についてみてきたが，それらは現実の政策と運動をふまえて理解されなければならない。後続章のために，現段階における第1次的接近を表1-4に示しておく。

　この表は，6つの側面をもつ現代日本国家とそれらに対応して進められている生涯学習政策の展開を前提としている。政策理念の二面性がその変革の可能性をも示しているが，それぞれの後者が「変革：transformation」の方向であ

表1-4 現代的人格と「社会教育としての生涯学習」の展開

現代国家 (政策理念)	法治国家 (自由主義 vs 人権主義)	社会国家 (残余主義 vs 社会権主義)	企業国家 (新自由主義 vs 革新主義)	危機管理国家 (新保守主義 vs 包摂主義)	グローバル国 家 (大国主義 vs グ ロ ー カ ル主義)
主な生涯学習 政策	条件整備 公民教育	生活力向上 労働能力開発	民間活力利用 参加型学習	道徳教育，ボ ランティア学 習	グローバル人 材，地域・学 校協働
公民形成	主権者	受益者	職業人	国家公民	地球市民
人格権 自由権	選択・拒否	表現・批判	構想・創造	参加・協同	参画・自治
平等権	機会均等	潜在能力平等	応能平等	必要平等	共生平等
学習実践 包容的な社会へ	to know	to be	to do	to live together	持続可能で包 容的な社会づ くりへの変革 的学習
エコロジカルな環境へ	About (Nature)	In (Environment)	For (Sustainability)	With (Ecology)	
市民形成	消費者	生活者	労働・生産者	社会参加者	社会形成者

出所：鈴木敏正（2020）『「コロナ危機」を乗り越える将来社会論』筑波書房，13頁，一部修正

る。それらは，分裂している「公民」（国家の形成者）と「市民」（社会の形成者）の諸側面，それらの矛盾を克服して「公共性」を形成しようとする社会的協同実践と連動し，より民主的な計画づくりとそれに対応した制度づくりをとおして現実的なものとなる。形式的「主権者」から実質的「社会形成者」へ，私的「消費者」から世界公民＝地球市民へ，その実践領域は広大である。

　表では，その際に求められる人格権＝自己教育・相互教育権＝社会教育権（自由権と平等権に分かれるが，両者を統一するのが「民主主義の実践」）の展開を示している。とりわけ，「国連・人間開発計画」の理論的支柱となった「潜在能力：capability」平等論から「共生平等」論へ展開（SDGs の基本スローガン＝「誰もが取り残されない！」世界への変革）が，21世紀的な主要課題となっている。自由権とあわせて求められている学習実践を，焦点となっている「包容的な：inclusive 社会」および「エコロジカルな環境」に向けた学習として示した。今日的な基本課題は，「持続可能で包容的な社会づくり」のための生涯学習の，グローバルな視点に立った組織化・構造化・計画化である。

第2章 社会教育・生涯学習はどう変わってきたのか
── 歴史

第1節 それは平和から始まった

（1）新憲法と民主主義の学校として

「社会教育」という言葉は，1921年に「通俗教育」から名称変更されて公的に使われるようになった。その後，文部省に「社会教育課」がおかれ（1925年），それまで「通俗教育」（1885年以降）として民衆の教化や思想善導の役割を果たしてきた政策が成人教育事業として国家によって強化される一方，自由大学運動や労働学校などの民間の学習運動として広がりをみせはじめる。しかし，日本が総力戦へと向かう過程のなかで国民教化・国民精神総動員運動の一翼として利用され，民衆の自由な学習運動としての性格は失われていった。戦時体制に向かう国家の枠組みのもとで戦争に積極的に協力したとの批判は，社会教育における「戦前と戦後との連続・不連続」の問題として議論されてきた。

そして，アジア・太平洋戦争の敗戦によって，社会教育は大きな転換を迫られる。それを象徴するものが「社会教育法」の制定（1949年）と「公民館」の誕生であろう。戦後の民主化を背景とした日本国憲法（現行憲法＝新憲法）の制定（1946年）と教育基本法（47年法）の制定（1947年）を受けて，学校では『あたらしい憲法のはなし』（副読本）と『民主主義』（中学・高校社会科教科書，1948〜53年）が使用された。

中学生であった作家・大江健三郎も，修身（道徳）に代えて教科書『民主主義』で学ぶ憲法の時間が「特別のもの」だったと述べている。戦後の新しい憲法や民主主義は，子どもたちが学校で学ぶように，大人たちも社会教育の場で学ぶものであった。戦後の自由な空気のもとで，地域の新たなリーダー層に担われながら青年や婦人などの住民たちが自主的な学習活動を始めた。その中心

で活躍していた人々が，とりしまりや弾圧を受けてきた戦前の民主主義的学習・文化運動の担い手たちであった。

（2）「公民館」の誕生と社会教育法

　戦後日本における社会教育政策の端緒となったのが，第1次アメリカ教育使節団報告書（1946年3月）である。図書館や学校施設を中心とした報告書に対し，文部省は日本独自の社会教育施設として「公民館」を整備する方向でCIE（民間情報教育局）の了解を取りつける。こうして文部次官通牒『公民館の設置運営について』（1946年7月）が公民館の設置を奨励することになる。

　経済的な混乱や物資の不足にもかかわらず，1949年6月には全国の約40％の自治体（4169市町村）に公民館が設置された。そこには，①学校や役場などの既存集会施設に併置されたこと，②当時の生活課題と深く結びついた学習が行われたこと，③社会の民主化政策を進める役割を果たしたこと，④新たな青年教育の場として期待されたこと，などの理由があった。このように公民館は，社会教育施設でありながら「町村振興の中心機関」（寺中作雄『公民館の建設』）として，戦後直後の日本に定着したのである（「初期公民館」と呼ばれている）。

　戦後の社会教育政策は，教育基本法（1947年制定）第7条に規定されることで，その法的根拠を与えられることとなった。さらに社会教育法が制定（1949年）されることで，①国民が社会教育の主体であること，②社会教育の自由が保障されるべきこと，③国や地方公共団体（地方自治体）は必要な奨励と環境醸成に努めること，④社会教育委員や公民館運営審議会などの住民自治の原則を盛り込むことなどの理念が位置づけられた。また，市町村教育委員会が一斉に設置される（1952年）ことにより，公民館も次第に教育委員会行政の枠内における教育機関として独自の位置を獲得していくことになる。

（3）占領政策の転換と国による統制の強化

　国民の自由な学習運動を行政が支援するという枠組みが次第に整えられようとした時期に，占領政策の転換による管理・統制の動きも顕著となりはじめる。

第２次アメリカ教育使節団報告書（1950年２月）は「極東において共産主義に対抗する最大の武器の一つは，日本の啓発された選挙民である」と冷戦体制のもとでの日本の成人教育の役割を位置づけた。その前年にはCIE顧問のW・C・イールズが大学から共産主義者とその同調者を追放すべきであると演説し，教師を皮切りに公務員や民間企業におけるレッドパージ（解雇）が広がっていた（イールズ事件）。こうした状況のもとで，サンフランシスコ講和条約と旧日米安保条約が締結され，GHQ（連合国軍最高司令官総司令部）指揮下の連合国軍部隊は撤収し，在日米軍が駐留することになった（1952年）。

　社会教育における管理・統制を象徴するものが，青年学級振興法（1953年制定，1999年廃止）である。この法律の制定目的は，職業教育とともに愛国心を養成することであると説明され，主事や学級生の自主性を大きく制限するものであった。法案の性格が明らかになるにつれて，日本青年団協議会（日青協）は当初の法制化推進の立場から反対へと態度を変えた。地域における青年の学習を支えてきた枠組みとは異なるかたちで法制化された青年学級は，1955年をピークに減少を続けて1999年に廃止された。同様に，ほぼ全額を国庫補助する新生活運動協会（1955年）が，地域の生活改善運動と結びつけられた。

　このような社会教育関係団体や公民館への統制と教育委員会・文部省の権限を強化したのが，社会教育法「大改正」（1959年）であった。この改正によって，条件付きながら社会教育関係団体への補助金支出が認められるとともに，国が公民館の設置及び運営の基準を定めて，市町村の社会教育委員が青少年関係団体や指導者に指導・助言できるなど，地方自治体の教育委員会の役割がさらに重要なものとなった。しかしながら，地方教育委員会制度は教育委員会法の廃止と地方教育行政の組織及び運営に関する法律（地教行法）の制定（1955年）によって，その性格を大きく変えつつあった。この法律は，教育委員を公選制から首長による任命制に変更し，上部機関による都道府県教育長の承認など教育行政の中央集権化を進めるとともに，教育委員会の予算・条例制定権を廃止するものであった。

第2節　経済成長の矛盾と社会教育実践の発展

（1）高度経済成長政策のもとでの社会教育運動

　1960年代は安保闘争で幕を開けた。岸信介内閣が総辞職し，池田勇人を首班とする内閣が発足した。年7.2％の成長率を設定した「国民所得倍増計画」の登場によって，日本の経済規模は1960年からの10年間で2.5倍に膨れ上がり，産業や地域の構造に急激な変化をもたらした。

　農業漁業従事者の割合は，1960年の32.7％から1970年には19.3％にまで減少する。農業基本法（1961年）に基づく農業「近代化」政策は，農業経営の規模拡大と機械化を進める一方で，出稼ぎや兼業化，大都市圏への大規模な人口流出が進むことで，農業従事者の急激な減少と農村の過疎化を招いた。こうした情勢に対抗する農民の本格的な学習運動として「信濃生産大学」の実践（1960〜67年）が取り組まれ，農民・労農大学運動の端緒となった。

　さらに1962年10月に全国総合開発計画（全総）の決定は，公害・開発問題を全国に広める結果をもたらし，それに抵抗する公害学習運動を生みだす。北九州市戸畑区公民館の三六婦人学級において初めて系統的な校外学習（1963年）が取り組まれたほか，東駿河湾工業整備特別地域に指定された三島市・沼津市・清水町では，広汎な住民による学習と反対運動（1963〜64年）が石油化学コンビナートの建設を阻止するという画期的な成功をおさめた。

　経済成長がもたらした生活水準の上昇にもかかわらず，地域格差の拡大と消費者物価の上昇が国民の不満を生みだしていた。こうした状況を背景に東京都に美濃部革新都政が誕生（1967年）し，全国にいわゆる「革新自治体」が広がった。安保闘争を1つの契機に多くの女性団体が積極的に政治運動に参加するようになったものの，さまざまなイデオロギー攻撃や路線対立のもとで女性運動にも分裂や分断が引き起こされた。国庫補助を受けた「家庭教育学級」が盛んに開設されるなかで，目黒区教育委員会は「申請婦人学級」制度を発足させた。こうした女性の学習運動は，消費者運動や親子読書運動・親子映画運動・子ども劇場運動などの文化運動へと広がっていく。また，同和問題の分野において

も第1回部落問題研究全国集会が開催された（1963年）ほか，西宮市芦屋における同和教育講座（1967年）などの実践が展開された。

（2）新たな公民館像の模索

「昭和の大合併」と呼ばれる町村合併と急激な地域開発のもとで，自治体の社会教育は中央公民館の建設や「総合社会脅威浮く」の推進などの施策で対応しようとした。鳥取県倉吉市で誕生し，京都府久美浜町で展開した「自治公民館」方式や京都府の「ろばた懇談会」も，こうした地域開発に対する民主的な社会教育施策の模索の1つである。

所謂「高度経済成長期」に伝統的な地域社会が崩壊し，地域婦人会や青年団が弱体化するなかで，新たな公民館像が模索された。

ひとつは，公民館の「近代化」である。1959年の社会教育法大改正を機に出された『公民館の設置及び運営に関する基準』との『その取扱について』（1960年）は，公民館の設置と規模に関する基準を明示した。たとえば，「公民館の対象区域」について「市にあっては中学校区の通学区域，町村にあっては小学校の通学区域を考慮することが実態に即すると思われる」と規定することで，公民館のイメージがより具体化されることになった。

さらに，①施設のモダン化・デラックス化，②公民館活動の「構造化」，③公民館職員の「職業集団化」と「専門化」，④公民館主事と社会教育主事の性格と役割の分化，⑤公民館の「教育機関」化，などの傾向がみられると指摘された（小川利夫）。こうした公民館「近代化」論の延長に，国立市の「公民館付属保育施設の件」に関する請願（1967年），全国公民館連合会の『公民館のあるべき姿と今日的指標』（1969年）などが提起されて，1970年代の公民館づくりに大きな影響を与えた。

（3）公民館と職員に関する4つのテーゼ

1960年代の公民館をめぐるいま1つの重要な動きは，自治体の公民館職員集団が自ら新しい公民館像・職員像を追求し，新たな実践とそれを支える原則が

生まれたということである。公民館の「近代化」や社会教育専門職員の配置が進んでいく一方で，社会教育主事や公民館主事の「不当配転」も発生するようになった。長野県喬木村の社会教育主事の不当配転（1966年）や浦和市職員の不当配転（1967年）問題は，社会教育専門職員の不当配転撤回闘争の典型として位置づけることができる。

　こうした実践と闘いを背景として，社会教育と公民館に関するいくつかの重要なテーゼがつくられた。

　まず，初めて「社会教育とは何かを，具体的かつ大胆に規定した点で画期的」な文書であると評価された「枚方テーゼ」（枚方市教育委員会『社会教育をすべての市民に』1963年）があげられる。つぎに，地域のなかでの公民館主事と公民館活動の役割を，教育専門職と自治体労働者という視点に立って長野県飯田・下伊那地方の公民館主事集団がまとめた「下伊那テーゼ」（長野県飯田下伊那主事会「公民館主事の性格と役割」1965年）がある。さらに，都市型公民館の原型を示し，東京都多摩地区各地の実践を三多摩社会教育懇談会が理論化した「公民館三階建論」（東京都・三多摩社会教育懇談会『三多摩の社会教育―三多摩社会教育懇談会研究収録第一集』1965年）がある。これをもとに東京都教育庁社会教育部が『新しい公民館像をめざして』（三多摩テーゼ，1973〜74年）を発表し，その後の公民館のあり方（役割と理念）として全国の公民館づくり運動に大きな影響を与えた（第6章参照）。

（4）自治体経営論とコミュニティ政策の影響

　ドルショック（1972年），オイル・ショック（1973年）によって高度経済成長期は幕を閉じる。政府は，国民生活審議会コミュニティー問題小委員会の報告「コミュニティー・生活の場における人間性の回復」（1969年）を受けて，コミュニティ政策に取り組んでいく。1970年代後半には，財政危機が深刻化するなかで「自治体経営論」が注目され，行政改革の名のもとで住民の権利を保障する政策の見直しが進んだ。

　社会教育審議会答申「急激な社会構造の変化に対処する社会教育のあり方に

ついて」(1971年）や中央教育審議会答申「生涯教育について」(1981年）など
の社会教育にかかわる審議会答申では，「社会教育」のあり方が「生涯教育」
理念を前提に検討されはじめた。その「生涯教育」論は，社会の「豊かさ」と
社会変化への「適応」を目的とし，個人のライフサイクル論に基づくものであっ
た。他方で，社教審答申における社会教育主事や現行法令の「改正」への示唆
は，社会教育への統制を強化するものと受け止められた。文部省は派遣社会教
育主事国庫補助を法改正を伴わない予算措置によって実施し，1974年度から国
庫補助が予算化され，市町村「社会教育指導員」への国庫補助も開始された(1972
年）。

　社会教育施設費による国庫補助額の公民館建設費は10億円（1971年度）から
128億円（1980年度）へと増加し，それに合わせて施設数も増加した。他方で，
自治体の財政悪化やコミュニティ政策の影響を受けて，社会教育施設の統廃合
や「事業団」への委託，職員の引揚や嘱託化，コミュニティセンター化，運営
の地域委託を行う自治体が登場した。

　また，東京都による区市町村図書館建設への積極的財政援助や都立立川社会
教育会館（1968年開館）による「自主的企画及び運営参加方式」による市町村
社会教育職員セミナー，市民活動サービス・コーナー（1972年設置）の「市民
活動」支援が注目された。

第3節　生涯学習政策の登場と終焉

（1）行政改革としての生涯学習政策

　1980年代後半は「バブル経済」の時代であった。空前の不動産投機を伴う開
発ブームのなかで，東京をはじめとした首都圏への一極集中が問題となりはじ
め，政府は第四次全国総合開発計画（四全総，1987年）を策定して機能を地方
に分散しようとした。この多極分散型社会の形成を推し進める力として期待さ
れたのが，「行政改革」（行革）の推進と民間活力の導入である。四全総ととも
に制定された総合保養地域整備法（リゾート法，1987年）が，規制緩和を背景
に多くの自治体の民間資金導入による第3セクター方式の開発として進められ

た。行革の目的は行政組織の効率化と経費の削減であり，第二次世界大戦に向けて構築され高度経済成長期を牽引してきた「総力戦体制」のもとで肥大化した行政組織を，「小さな政府」へと組み替えようとするものであった。

　第2次臨時行政調査会（第2次臨調，1981年）から橋本政権による行政改革会議の設置（1996年），中央省庁等改革基本法の成立（1998年），「行革大綱」の閣議決定（2000年）までを一区切りとする。さらに，小泉政権のもとでの中央省庁再編（2001年），行革推進法（簡素で効率的な政府を実現するための行政改革の推進に関する法律，2006年）へとつながる（小泉行革）。第2次臨調では三公社（国鉄・日本電電公社・日本専売公社）の民営化などとともに社会教育施設の「民営化，管理・運営の民間委託，非常勤職員の活用」などが提言され，行革の実現を監視する臨時行政改革推進審議会（行革審／第1次1983年，第2次1990年，第3次1993年）が設置された。

　第1次行革審は地方自治体に対しても原料か・効率化・歳出削減を強く要求し，政府は「地方行革大綱」を策定して（1985年1月），各自治体も「行政改革大綱」を同年8月までに策定することを求めた。その結果，1986年3月末までにすべての当道府県と政令指定都市，市町村の87.2％は行革大綱を策定した。これ以降，自治体では行革大綱に基本方針や具体的な取り組み事項を明示し，計画的に行革に取り組んでいくというスタイルが一般化した。その結果，大都市を中心に社会教育施設の委託や有料化，職員の引揚げといった社会教育行政の「合理化」が打ち出されていく。

　また，第2次行革審で国から地方自治体への権限移譲が提言され，地方分権推進委員会（1995〜2001年）の数次にわたる勧告を受けて，国と地方自治体の役割の明確化や機関委任事務の廃止を含む地方分権推進一括法（2003年）によって，営利企業や公益法人などに公の施設の管理・運営を包括的に代行させることのできる指定管理者制度が導入された。

　行革とともに「教育改革」も進められた。臨時教育審議会（1984年発足）の第2次答申（1986年）で「生涯学習体系への移行」が打ち出され，最終答申（1987年）には文部省の機構改革として「生涯学習を担当する局の設置等」が盛り込

まれた。臨教審答申のうち，政府として講ずべき重要な政策と具体的方針を明らかにした教育改革推進大綱（1987年閣議決定）で，「国民の生涯にわたる多様な学習活動を進行するため，各種スポーツ活動や，職業能力開発も含んだ生涯にわたる学習の機会を総合的に整備するとともに，学歴偏重の弊害是正のため，生涯にわたる学習の成果が適正に評価される社会の形成に努めるなど生涯学習体制の整備を進める」とされた。こうした流れを受けて，文部省は社会教育局を廃止して生涯学習局を創設する機構改革を行った（1988年7月）。これ以降，地方自治体においても社会教育課・係の名称を，生涯学習課・係へと変更する事例が増えた。

　その後，地方分権推進関連一括法（1999年）のなかに，社会教育法を含む6本の社会教育・生涯学習関連法の改正がもち込まれた。

（2）生涯学習振興法の制定
① 規制緩和・民間活力導入論を具体化した生涯学習振興法

　生涯学習振興法（1990年）は，社会教育法を中心とした社会教育法制に位置づく法律とは異なるいくつかの特徴をもつものであった。第一に生涯学習振興法には，教育基本法や社会教育法との関係が明記されていない。第二に法律のキー概念である「生涯学習」が定義されていない。そして，第三に，この法律の性格をもっとも端的に現しているものは，都道府県が「地域生涯学習振興基本構想」を作成し，文部大臣や通産大臣と協議する（第5条）とされていることである。つまり，基本構想の策定主体が都道府県であって市町村ではなく，教育委員会の所管にもならないということである。まさに，この法律が「民間事業者の能力の活用」や「特定の地区」を指定する教育・文化産業育成法であることを明確にするものであった。ここに社会教育の市場化の第1段階を迎えたとみることができる。これ以降，社会教育行政は社会教育法と生涯学習振興法という2つの法体系に基づく施策のずれや矛盾をかかえながら進められることになる。

② 社会教育法における民間営利事業者に関する解釈問題

　公的社会教育を市場化するうえで最も高いハードルは，社会教育法第23条1項1号に規定された公民館における「営利事業の援助の禁止」の運営方針である。その意味で，1995年に広島県教育長と文部省生涯学習局長との間で交わされた「社会教育法における民間営利社会教育事業者に関する解釈について」の一連の文書が果たした役割を軽視することはできない。1995年9月21日付で文部省から出向していた広島県教育長が文部省生涯学習局長に「社会教育法における民間営利社会教育事業者に関する解釈について（照会）」という表題の文書を出した。この照会は，民間営利事業者の活動が社会教育法にいう「社会教育」の定義（第2条）に含まれるものであることを確認しながら，公民館の目的（第20条）に合致し，公民館の事業にある「その施設を住民の集会その他の公共的利用に供すること」（第22条7号）に該当することを前提にしたうえで，問題となる第23条1項1号の規定に違反しなければ「民間営利社会教育事業者による営利目的の事業にその施設の使用を認めることは…差し支えない」ときわめて婉曲な表現を用いて，その可否を問うものであった。これに対して文部省は生涯学習局長名で，翌22日付で憲法89条への留意などを指摘したうえで，広島県の「解釈」を認める「回答」を出した。併せて文部省は，「照会」内容と「回答」を同日付で全国の都道府県教育長に向けた「通知」したのである。

　こうした一連の動きの背景には，生涯学習振興法に基づく地域生涯学習振興基本構想の第1号をめざした広島県が，その運用上の障害となる社会教育法第23条1校1号の規定を「解釈」によって実質的に解決しようとした意図がみられる。ここに，社会教育法の改正を待たずに，公民館を含む公的社会教育施設を民間営利事業者に開放できる社会教育の市場化の第2段階に突入したとみることができる。

③ 関連法政の大幅な見直しと改正への手続き

　しかしながら，社会教育の市場化には社会教育法そのものの改正を避けて通れない部分が残されていた。第4期生涯学習審議会への諮問理由説明には「社会教育関連法令の見直し」が明示され（1997年6月），これと前後して公表され

た地方分権推進委員会の第2次勧告（1997年7月）が社会教育・生涯学習関連法令の見直しを勧告した。翌年の生涯学習審答申「社会の変化に対応した今後の社会教育行政の在り方について」（1998年9月）は，第2次勧告をほぼ全面的に受け入れるものであった。こうした勧告・答申を論拠として，まず公民館の設置及び運営に関する基準の一部改正（1998年12月）が行われ，公民館長および主事の「専任」規定を削除した。残りの法改正部分を実現したのが，地方分権推進関連一括法（1999年）に基づく社会教育法等関連法の改正（2000年）であった。

　ここに生涯学習振興法の制定（1990年）から社会教育法の改正（2000年）にいたる10年間の社会教育から生涯学習への転換が完了し，社会教育の市場化が施策として1つの体系をもつにいたったとみることができる。しかしながら，実際の社会教育の市場化はいくつかの要因によって，必ずしも政府の意図どおりには進まなかった。

（3）教育基本法の「改正」と教育委員会制度の改変

　地方分権推進関連一括法（1999年）による行政改革は，日本の行政機構に大きな変化をもたらした。社会教育・生涯学習にかかわる政策はもとより，教育行政のあり方そのものが大きく変化したといえる。2001年の中央省庁再編によって文部省と科学技術庁を統合し「文部科学省」（以下，文科省）が創設されたのに続き，2006年には教育基本法の全部改正が行われた。

　教育基本法の「改正」（2006年）によって「生涯学習の理念」（第3章）が新設され，「社会教育」（第12条）の文言も一部修正された。この改正を受けて2008年に社会教育法等の一部を改正する法律が成立し，社会教育に関する任務として「生涯学習の振興に寄与する」「学校，家庭及び地域住民その他の関係者相互の連携及び協力の促進に資する」（配慮事項）が付け加えられた。また，教育委員会の事務として，①社会教育における学習の成果の活用，②社会教育に関する情報の収集・整理・提供（イ　公民館の運営状況，ウ　社会教育関係団体への補助金諮問の例外，エ　社会教育主事資格取得に必要な実務経験の短縮，オ　社会

教育主事による学校への助言）も加えられた。

　その後の民主党政権（2009年9月〜2012年12月），東日本大震災および福島第一原発事故（2011年3月）を経て，自民党・公明党連立政権である第2次および第3次安倍政権のもとで，地方自治体の教育委員会制度の仕組みを大きく変える地方教育行政の組織及び運営に関する法律（地教行法）の一部を改正する法律（2014年）が施行された（2015年4月）。国が地方分権を進めるなかで，教育委員会制度も一定の分権化が図られてきた。教育庁の任命制度の廃止や市町村立学校に関する都道府県の基準設定権の廃止（1999年改正），教育委員の構成の多様化や教育委員会議の原則公開(2001年改正)，学校運営協議会の設置(2004年）などである。しかし，2014年の改正は，教育行政における責任の明確化を主要な目的として主張の役割を決定的に強化するものであり，教育委員会制度そのものの性格を大きく変える可能性がある。

　地教行法の改正によって教育委員会への主張権限が強化されるなかで，中教審は社会教育行政の学校支援・家庭教育支援へのシフトを求める3つの答申を同時に発表した。とりわけ，「新しい時代の教育や地方創生の実現に向けた学校と地域の連携・協働の在り方と今後の推進方策について」答申は，「都道府県や市町村の教育委員会内において，コミュニティ・スクールや学校運営改善施策を担当する学校教育担当部局と，学校支援地域本部や放課後子供教室とうの施策を担当する社会教育担当部局との連携・協働体制の構築が不可欠である」として，社会教育行政の学校支援機能への大きな期待を語っている。これらの答申を受けて策定された「『次世代の学校・地域』創生プラン」(馳プラン，2016〜2020年）の特徴は，①地域と学校の連携・協働（コミュニティ・スクール，地域学校協働活動の推進），②学校の組織運営改革（「チーム学校」に必要な指導体制の整備），③教員制度の一体的改革（子どもと向き合う教員の資質能力の向上）を〈三本の矢〉として位置づけつつも，そのすべてにおいて「地域との連携」を具体的施策の基礎においているということである。このプランを受けて，生涯学習政策局長から「社会教育主事講習等規程の一部を改正する省令の施行について（通知）」（2018年3月）が出され，社会教育主事養成課程修了者および

社会教育主事講習の修了証書授与者は「社会教育士」と称することができるとされた。

　そして2017年8月には社会教育科および生涯学習政策局の廃止を含む「機構改革のための概算要求事項」が公表され，地域学習推進課および総合教育政策局へと再編される。この機構改革のなかで1つの目玉とされていた文化庁への博物館行政の移管に伴って，公民館・図書館・博物館の首長部局への移管も可能とする法改正が行われた。この背景となった法律の1つが「文化観光拠点施設を中核とした地域における文化観光の推進に関する法律」（2022年5月施行）であり，博物館等の社会教育施設を観光・地域づくり政策に活用しようとするものであった。

第4節　コロナ後の社会教育・生涯学習

　新型コロナウイルス感染症のパンデミックは，私たちの生きる世界を大きく変容させつつある。

　新型コロナに伴う1回目の緊急事態宣言を全国で解除するにあたって，安倍首相（当時）は第一波への対応「日本モデルの力を示した」と評価した。『新型コロナ対応民間臨時調査会　調査・検証報告書』（アジア・パシフィック・イニシアティブ，2020年10月）は，日本政府の第一波への対応（日本モデル）とその結果を「泥縄だったけど，結果オーライだった」という言葉で表現している。その後，現在（2022年10月1日）に至るまで7回の感染拡大を経験し，全国で陽性者2132万7658人（死者4万4988人），世界では陽性者6億1767万7245人（死者654万5971人）が報告されている。

　第一波のもとで特措法に基づく緊急事態宣言が2020年4月7日に7都府県に出され，4月16日に対象地域が全国に拡大され，5月25日には全国の指定が解除され，それぞれの自治体が独自に日常生活の再開を段階的に進めようとした。しかしながら，学校に比べて公民館や図書館，博物館，動物園・水族館といった社会教育施設で市民や子どもたちが「自由」に学び，活動することは後回しにされやすい傾向がみられた。文科省は5月25日の全国解除宣言による「新型

コロナウイルス感染症対策の基本的対処方針」の改正を受けて，「新しい生活様式」の定着等を前提として，5月25日から7月31日までの約2カ月間，「移行期間中において，催物（イベント等）の開催制限，施設の使用制限の要請等について，6月1日，6月19日，7月10日から，それぞれ段階的に緩和する」ように指示した。社会教育関係団体が活動「再開」のための「ガイドライン」を発表した。その後も，4度にわたる緊急事態宣言の発令（東京都）と1年遅れの東京オリンピック・パラリンピックの開催（2021年7月〜9月）の中で，新型コロナに対応した社会教育施設の利用と活動が続いている。

　とはいえ，緊急事態宣言やウィズ・コロナのもとで，「命か自由かの選択」として教育や学習を制限することを，「やむをえないもの」と断定できるのかという問題がある。「移動の自由や職業の自由はもとより，教育機関・図書館・書店等の閉鎖によって学問の自由や知る権利も，公共的施設の使用制限や公共放送の動員等によって集会や言論・表現の自由も一定の制約を受けることが懸念される」（日本ペンクラブ声明）のである。私たちは，いずれ迎えるであろうポストコロナ社会における社会教育・生涯学習のあり方をいまだに模索しつづけているのである。

　※本章は，鈴木敏正・朝岡幸彦編著（2018）『社会教育・生涯学習論』学文社の「社会教育・生涯学習はどう変わってきたのか—歴史」を大幅に加筆・修正した。

別表　戦後日本の社会教育・生涯学習史年表（1945〜2022年）

年　次	月日	事　項
1945 （昭和20）	8. 15 10. 13 11. 6	終戦（玉音放送） 【文部省】社会教育局復活 【文部省】「社会教育ノ振興ニ関スル件」訓令
1946 （昭和21）	3. 5 7. 5 9	第1次米国教育使節団来日 【文部省】次官通牒「公民館の設置運営について」 寺中作雄『公民館の建設』刊行
1947 （昭和22）	1. 2 3. 31 4. 1 5. 3	【文部省】社教局長通知「新憲法精神普及教養講座委嘱開設について」 教育基本法，学校教育法公布・施行 新学制発足 新憲法施行
1948 （昭和23）	4. 22 7. 14	【教育刷新委員会】「社会教育振興方策について」建議 【文部省】社教局長通知「新地方における社会教育団体の組織について」
1949 （昭和24）	6. 1 7. 19 7. 22	社会教育法公布・施行 【CIE】イールズ，新潟大にて共産主義排除の講演 【文部省】社会教育法施行令公布
1950 （昭和25）	2. 11 4. 27 4. 27 8. 29 9. 22	【文部省】第1回社会教育委員大会 【文部省】社会教育審議会設置 図書館法公布（7.30施行） 文化財保護委員会設置 第2次米国教育使節団報告書提出
1951 （昭和26）	3. 12 5. 26 11. 3 12. 1	社教法改正，都道府県教委に社会教育主事新設 日本青年団協議会結成大会 全国公民館連絡協議会 博物館法公布・施行
1952 （昭和27）	1. 27 5. 17 5. 18 10. 14 11. 1	第1回全国婦人教育研究集会 日本子どもを守る会結成 【日青協】青年学級振興法反対決議 日本PTA全国協議会結成 市区町村教育委員会発足
1953 （昭和28）	8. 14 11. 23 11. 29	青年学級振興法公布 第1回子どもを守る文化会議 第1回日本うたごえ大会
1954 （昭和29）	1. 1 5. 28 10. 16	【日青協】『共同学習の手引』発行 【日本図書館協会】図書館の自由に関する宣言 日本社会教育学会創立

1955 (昭和30)	2. 18 6. 7 9. 3	【日青協】第1回青年問題研究大会 第1回日本母親大会 新生活運動協会設立
1956 (昭和31)	3. 21 5. 19 6. 3 10. 1	第1回部落解放全国婦人大会 科学技術庁設置 地方教育行政の組織及び運営に関する法律（地教行法）公布 任命制教育委員会発足
1957 (昭和32)	5. 2 12. 1	社教法改正，運動競技系社教団体に国庫補助 【社教審】「青年学級の改善方策について」「公民館の充実振興方策について」
1958 (昭和33)	4. 28 10. 15	【中教審】「勤労青少年教育の振興方策について」 【社教学会】社会教育法改正案に関する報告
1959 (昭和34)	4. 3 11. 2 12. 11 12. 19	社教法大改正，社会教育主事市町村必置と補助金禁止解除 【国連】子どもの権利宣言採択 【社教審】「社会教育関係団体に関する助成について」 【文部省】「公民館の設置及び運営に関する基準」公布
1960 (昭和35)	8 12. 4 12. 14	信濃生産大学 【ユネスコ】博物館をあらゆる人に解放する最も有効な方法に関する勧告決議 【ユネスコ】教育差別禁止条約採択
1961 (昭和36)	6. 16 9. 23	スポーツ振興法公布 第1回社会教育研究全国集会
1962 (昭和37)	4. 1 4. 24	【文部省】社会通信教育規定公布 高校全員入学問題全国協議会結成大会
1963 (昭和38)	1 2 3 6. 1 9. 21	【厚生省】次年度より児童館建設決定 【枚方市教委】「社会教育をすべての市民に」（枚方テーゼ）発表 【東京都】公立学童保育所設置（63カ所） 第1回部落問題研究全国集会 社会教育推進全国協議会（社全協）結成
1964 (昭和39)	4 7. 27	家庭教育学級補助を実施 【東京都】青少年健全育成条例可決
1965 (昭和40)	3 6. 12	【飯田・下伊那主事会】「公民館主事の性格と役割」（下伊那テーゼ）発表 家永三郎，教科書検定違憲訴訟（第1次提訴）
1966 (昭和41)	1. 31 10. 31	【喬木村】社会教育主事不当配転問題発生（1969.12.17処分撤回） 【中教審】「後期中等教育の拡充整備について」（「期待される人間像」別記）答申

1967 (昭和42)	6. 16 9	【国立市】母と子の勉強会，公民館附属保育施設を請願 【全公連】「公民館のあるべき姿と今日的指標」発表
1968 (昭和43)	5. 2 6. 15	『公害白書』刊行 文化庁設置
1969 (昭和44)	1. 1 7. 18	【国連】国際青年年 職業能力開発促進法公布（10. 1施行）
1970 (昭和45)	7. 17 11. 1	第2次家永教科書訴訟判決（杉本判決） 【文部省】『わが国の教育水準』で「生涯教育」の必要性を強調
1971 (昭和46)	4. 3 6. 5	【社教審】「急激な社会構造の変化に対処する社会教育のあり方について」 　　答申 【文部省】社教局長通知「博物館に相当する施設の指定について」
1972 (昭和47)	4. 4 6	社会教育指導員制度実施 【ユネスコ】公共図書館宣言
1974 (昭和49)	3. 31 4 7. 31	【都教委】社会教育部「新しい公民館像をめざして」(三多摩テーゼ)発表 【文部省】派遣社会教育主事給与の国庫補助予算化 【社教審】「市町村における社会教育指導員の充実のための施策について」 　　答申
1975 (昭和50)	2. 1 3. 7 4. 1	【国立市】国立市公民館保育室運営要綱作成 【文部省】第1回婦人教育施設研究協議会 【文部省】派遣スポーツ主事設置
1976 (昭和51)	4. 11 6. 26 11. 3	【北九州市】北九州市教育文化事業団設立 【文部省】次官通知「学校体育施設開放事業の推進について」 【ユネスコ】成人教育の発展に関する勧告採択
1977 (昭和152)	4 7. 23 10. 26	【文部省】体育局，地域スポーツクラブ育成町村指定 第1回親子読書・地域文庫全国交流集会 トビリシ環境教育政府巻会議宣言
1978 (昭和53)	5. 2 11. 21 12. 15	【文部省】生涯教育の実施状況に関する実態調査 【ユネスコ】体育及びスポーツに関する国際憲章採択 【中野区】教育委員準公選条例可決
1981 (昭和56)	5. 9 6. 11	【社教審】「青少年の徳性と社会教育」答申 【中教審】「生涯教育について」答申
1982 (昭和57)	7. 23	社教法改正，社会教育主事補必置制廃止
1983 (昭和158)	6. 14	首相の私的諮問機関「文化と教育に関する懇談会」初会合

1984 (昭和59)	8. 21	臨時教育審議会（臨教審）発足
1985 (昭和60)	3. 29 6. 26	【ユネスコ】第4回国際成人教育会議，学習権宣言採択 【臨教審】教育改革に関する第1次答申
1986 (昭和61)	4. 23 10. 24	【臨教審】教育改革に関する第2次答申 【社教審】「社会教育主事の養成について」答申
1987 (昭和62)	2. 1 4. 1 8. 7 10. 16	【文部省】社会教育主事講習等規定一部改正 【臨教審】教育改革に関する第3次答申 【臨教審】教育改革に関する最終答申 教育改革推進大綱決定，社協関連法令見直し
1988 (昭和63)	1. 5 7. 1	【文部省】教育改革推進策発表，「生涯学習提携への移行」が重点課題 【文部省】機構改革で社会教育局廃止，生涯学習局創設
1989 (平成元)	11. 2 11. 23	【国連】子どもの権利に関する条約採択 【文部省】第1回生涯学習フェスティバル
1990 (平成2)	1. 3 3. 9 6. 29 8. 29	【中教審】「生涯学習の基盤整備について」答申 【ユネスコ他】「万人のための教育に関する世界宣言」採択 生涯学習の振興のための施策の推進体制等の整備に関する法律（生涯学 　習振興法）公布（7.1施行） 【文部省】生涯学習審議会発足
1991 (平成3)	4. 19 6. 11	【中教審】「新しい時代に対応する教育制度の改革について」答申 【生涯審】社会教育分科審議会施設部会「公民館の整備・運営の在り方 　について」中間答申
1992 (平成4)	2. 26 5. 21 7. 29	【生涯審】社教分審「公立図書館の設置及び運営に関する基準について」 　発表 【生涯審】「社会教育委員制度について」答申 【生涯審】「今後の社会の動向に対応した生涯学習の振興方策について」 　答申
1993 (平成5)	2. 25 6. 19 10. 3	【生涯審】社教分審，社教関係職員の資格制度の見直しなどを打ち出す 全国社会教育職員養成研究連絡協議会設立総会 【経済改革研究会】中間報告，規制緩和検討対象に社会教育関係法(12. 16 　最終報告)
1994 (平成6)	5. 22 9. 2	子どもの権利条約批准発効 【生涯審】「学習機会提供を中心とする広域的な学習サービス網の充実に 　ついて」答申
1995 (平成7)	4. 22 9. 22	学校5日制始まる，毎月第2・第4土曜業に 【文部省】生涯局長「社会教育法における民間営利社会教育事業者に関

		する法解釈」通知
1996 (平成8)	3.15	【地方分権推進委】くらしづくり部会「社会教育法・図書館法・博物館法」の存続と専門職必置の再検討
	4.12	【文部・通産省】広島県地域生涯学習振興基本構想承認
	4.24	【生涯審】「地域における生涯学習の充実について」「社会教育主事・学芸員及び司書の養成，研修等の改善方策について」
	8.29	【文部省】社会教育主事講習等規定，図書館法施行規則，博物館法施行規則改正の省令公布
	12	【文部省】次年度から公立社会教育施設整備補助金廃止を決定
1997 (平成9)	3.31	【生涯審】「生涯学習の成果を活かすための方策（審議概要報告）」発表
	6.12	【文部省】「社会教育主事の資格及び社会教育主事講習の受講資格に関する認定等の取扱について」
	7.14	【ユネスコ】第5回国際成人教育会議「成人学習に関するハンブルグ宣言」採択
1998 (平成10)	3.31	【文部省】文化振興マスタープラン策定 改正児童福祉法施行，学童保育・学童クラブの法制化，児童家庭支援センター発足
	4. 1	【文部省】家庭教育支援室を設置
	4. 9	【文部省】婦人教育課を男女共同参画学習課に改組
	7. 1	【中教審】地方教育行政委員会「学校評議員」提言
	8.21	【生涯審】「社会教育の変化に対応した今後の社会教育行政の在り方について」答申
	9.17	【中教審】「今後の地方教育行政の在り方について」答申
	9.21 12.27	【文部省】「公民館の設置及び運営に関する基準」及び「公立博物館の設置及び運営に関する基準」に関する一部改正について通知
1999 (平成11)	6. 9	【生涯審】「学習の成果を広く生かすための方策について」「生活体験・自然体けんが子どもの心を育む」答申
	6. 2	ケルン・サミット共同宣言「生涯学習の目的と希望」採択
	7. 8	地方分権の推進を図るための関係法律の整備等に関する法律（地方分権推進一括法）成立
2000 (平成12)	1.17	【文部省】社会教育主事講習等規定を一部改正する省令公布
	2.16	【文部省】地方分権推進を図るための関係法律の整備等に関する法律の施行に伴う文部省関係省令の整備等に関する省令公布
	3.27	首相の私的諮問機関「教育改革国民会議」発足，戦後教育の総点検を課題に
	4. 1	【文部省】学校評議員制度を実施
	4.11	公民館を「家庭教育学習の拠点」として位置づける方針を決定
	11.28	【生涯審】「家庭の教育力の充実等のための社会教育行政の体制整備について」「新しい情報通信技術を活用した生涯学習の推進方策について」

		答申
	12. 6	人権教育及び啓発の推進に関する法律の公布・施行
2001 (平成13)	1. 6	行政機構改革で中央省庁再編，文部省と科学技術庁を統合し「文部科学省」創設
	6.29	学校教育法・地教行法・社会教育法の改正（教育改革三法の成立）
	7.18	【文科省】「公立図書館の設置及び運営上望ましい基準」告示
	8. 3	【文科省】社会教育主事規定の一部を改正する省令公布
	9.14	【文科省】「学校教育及び社会教育における体験活動の推進について」通知
2002 (平成14)	4. 1	完全学校週5日制実施
	7.29	【中教審】「青少年の奉仕活動・体験活動の推進方策について」答申
2003 (平成15)	1.19	【文科省】地域づくり推進室設置
	3. 2	【中教審】「新しい時代にふさわしい教育基本法と教育振興計画の在り方について」答申
	6. 6	【文科省】「公民館の設置及び運営に関する基準」「公立博物館の設置及び運営上望ましい基準」改定告示及び告示についての通知
	7.23	環境教育等による環境保全の取組の促進に関する法律成立
	12.16	【中教審】「学校運営協議会」制度創設を提言
2004 (平成16)	3.29	【中教審】生涯学習分科会「今後の生涯学習の振興方策について（審議会家の報告）」発表
	6. 2	改正地教行法成立
	11.18	義務教育費国庫負担削減を合意
2005 (平成17)	1.25	【文科省】全国主管部課長会議「社会教育施設における指定管理者制度の適用について」
2006 (平成18)	3.31	義務教育費国庫負担法改正（負担率引き下げ）
	12.15	改正教育基本法成立（12.22施行）
2007 (平成19)	1.24	【教育再生会議】「社会総がかりで教育再生を」（第1次報告）
	3. 1	【中教審】「教育基本法の改正を受けて緊急に必要とされる教育制度の改正について」答申
	6	【文科省・協力者会議】「新しい時代の博物館制度の在り方について」（報告）
2008 (平成20)	2.19	【中教審】「新しい時代を切り拓く生涯学習の振興方策について」答申
	6. 4	社会教育法の一部を改正する法律成立（一部同日施行）
	12. 8	【地方分権推進委員会】第2次勧告「『地方政府』の確立に向けて地方の役割と自主性の拡大」（社教委員の構成，公民館の運営方針等の法規制不要）
2009 (平成21)	1.11	第1回フリースクール大会（フリースクール全国ネットワーク）
	10. 7	【地方分権推進委員会】第3次勧告「自治立法権の拡大による『地方政

		府』の実現へ」（教育委員会設置は核自治体の判断）
2010 （平成22）	1. 19 3 3. 31	【ユネスコ】「万人のための教育―世界監視報告―」（2010年度版）発表 【文科省・協力者会議】「博物館の設置及び運営上の望ましい基準の見直しについて」（報告） 高等学校等就学支援金の支給に関する法律（高校無償化法）成立
2011 （平成23）	3. 11 4. 28 6. 24	東日本大震災，続いて福島第一原発事故が発生 地域主権改革関連三法「地域主権改革の推進を図るための関係法律の整備に関する法律」「国と地方の協議の場に関する法律」「地方自治法の一部を改正する法律」成立 スポーツ基本法公布
2012 （平成24）	6. 21 7. 24 8	東京電力原子力事故により被災した子どもをはじめとする住民等の生活を守り支えるための被災者の生活支援等に関する施策の推進に関する法律（原発事故子ども・被災者支援法）成立 【全国市長会】「さらなる『基礎自治体への権限移譲』及び『義務付け・枠付けの見直し』について（提案）」で社教主事必置規制の撤廃を要望 【文科省・協力者会議】「図書館の設置及び運営上の望ましい基準の見直しについて」（報告書）
2013 （平成25）	1. 24 9. 17 12. 13	教育再生実行会議設置 【中教審】生涯学習分科会「社会教育の推進値せいのあり方に関するワーキンググループにおける審議の整理」 【中教審】「今後の地方教育行政の在り方について」答申
2014 （平成26）	5. 8 6. 13 6. 25	日本創生会議・人口減少問題検討分科会「ストップ少子化・地方元気戦略」提言書（増田プラン）提出 改正地教行法成立 【さいたま市】三橋公民館で俳句会の選んだ俳句が「公民館だより」への掲載を拒否される（九条俳句事件）
2015 （平成27）	1. 19 12. 21	【中教審】初等中等教育分科会「公立小学校・中学校の適正規模・適正配置等に関する手引の策定について（通知）」（案）提示 【中教審】「新しい時代の教育や地方創生の実現に向けた学校と地域の連携・協働のあり方と今後の推進方策について」「チームとしての学校のあり方と今後の改善方策について」「これからの学校教育を担う教員の資質能力の向上について」各答申
2016 （平成28）	1. 25 5. 3 12. 7	【文科省】「『次世代の学校・地域』創生プラン〜学校と地域の一体改革による地域創生」（馳プラン）公表 【中教審】「個人の能力と可能性を開花させ，全員参加による課題解決策を実現するための教育の多様化と質保障の在り方について」答申 義務教育の段階における普通教育に相当する教育の機会の確保等に関する法律（教育機会確保法）成立

2017 (平成29)	8	【文科省】社会教育課及び生涯学習政策局の廃止を含む機構改革のための概算要求事項を公表
	7.28	【さいたま市】埼玉地裁判決で九条俳句不掲載訴訟勝訴（賠償請求を認める）
	9.11	【首相官邸】人生100年時代構想会議発足
2018 (平成30)	2.19	【中教審】公立社会教育施設の所管の在り方等に関するワーキンググループ開催（公民館・図書館・博物館の市長部局への移管を議論）
	3. 8	【中教審】「第3期教育振興基本計画について」答申
	12.21	【中教審】「人口減少時代の新しい地域づくりに向けた社会教育の振興方策について」答申
2019 (令和元)	1.25	【中教審】「新しい時代の教育に向けた持続可能な学校指導・運営体制の構築のための学校における働き方改革に関する総合的な方策について」答申
2020 (令和2)	1.15	国内で新型コロナウイルス感染症（COVID-19）患者を初めて確認
	1.24	【文科省】「新型コロナ感染症対策に関する対応について」（依頼）
	1.28	新型コロナウイルス感染症を感染症法上の指定感染症に指定する政令公布
	1. 3	WHO が PHEIC（緊急事態）を宣言（「COVID-19」と命名）
	2.13	日本国内で最初の新型コロナ感染症の死者，「新型コロナウイルス感染症に関する緊急対応策」決定
	2.26	【文科省】「各種文化イベントの開催に関する考え方について」「社会教育施設において行われるイベント・講座等の開催に関する考え方について」
	2.27	首相，3月2日から小中高校等の「一斉臨時休校」を要請
	2.28	【文科省】「小学校，中学校，高等学校及び特別支援学校等における一斉臨時休業について」（通知）
	3. 2	全国の公立学校の約99％が「臨時休業」開始（地域差を伴いながら5月末まで実施）
	3.13	新型コロナ対応の改正特別措置法（新型インフルエンザ等対策特別措置法の一部を改正する法律）成立
	3.21	【文科省】「社会教育施設において行われるイベント・講座等の開催に関する考え方について」
	4. 7	7都道府県に初めて緊急事態を宣言（4月16日に対象区域を全国に拡大）
	4.17	文化観光拠点施設を中核とした地域における文化観光の推進に関する法律（文化観光拠点法）公布（2021.6.18施行），著作権法及びプログラムの著作物に係る登録の特例に関する法律の一部を改正する法律成立
	5.14	【文科省】「『公民館における新型コロナウイルス感染拡大予防ガイドライン』及び『図書館における新型コロナウイルス感染拡大予防ガイドライン』について」

2021 （令和3）	1. 7	【文科省】「社会教育施設における新型コロナウイルス感染症対策の徹底について」
	1.18	文化財保護法の一部を改正する法律, 著作権法の一部を改正する法律成立
	1.26	【中教審】「『令和の日本型学校教育』の構築を目指して～全ての子供たちの可能性を引き出す, 個別最適な学びと, 協働的な学びの実現～」答申
	2.17	新型コロナワクチン先行接種（医療従事者）始まる
	2.19	【文科省】「感染症や災害の発生等の非常時にやむを得ず学校に登校できない児童生徒の学習指導について」通知
	4.12	ワクチンの高齢者接種開始
	6.21	全国の事業所と大学でワクチン接種（職域接種）開始
	7.23	緊急事態宣言下で第32回オリンピック競技大会（東京2020オリンピック）開会
	12	オミクロン株の市中感染を確認
2022 （令和4）	1.17	博物館法の一部を改正する法律成立（博物館登録制度の見直し）
	2. 7	【中教審】「第3次学校安全の推進に関する計画の策定について」答申
	8. 5	新型コロナの1日当たり感染者数が国内で史上最高3万7676人（第七波）に達する

出所：社会教育推進全国協議会編（2017）『社会教育・生涯学習ハンドブック（第9版）』より抜粋・加筆（朝岡・岩松）

第3章 社会教育・生涯学習の法と制度はどうつくられたのか ― 法・制度

第1節　教育基本法の理念と社会教育

　教育基本法の成立（1947年3月）以前に，学校教育をはじめとした日本の教育に大きな影響を与えていたのが「教育勅語（教育ニ關スル勅語）」である。両者の決定的な違いは，その中身だけではなく，その形態にもあった。教育勅語は明治天皇が国民に下した言葉（文書）であり，教育基本法のような法令ではないため，修正・廃止することができないものであった。

　その結果として，戦後の日本国憲法の理念（精神）に反する教育勅語の叙述が教育界に影響を与えないようにするために，「教育勅語等排除に関する決議」（1948年6月19日衆議院決議），「教育勅語等の失効確認に関する決議」（1948年6月19日参議院決議）などの失効が議会において議決されなければならなかったのである。決議は「今日もなお国民道徳の指導原理としての性格を持続しているかの如く誤解される」ことを指摘し，「憲法第98条の本旨に従い，ここに衆議院は院議を以て，これらの詔勅を排除し，その指導原理的性格を認めないことを宣言する。政府は直ちにこれらの謄本を回収し，排除の措置を完了すべきである」（衆議院決議）とした。

　ところが，教育勅語などの文言の意義や有効性を一部の政治家が繰り返し認め，「憲法や教育基本法に反しないような配慮があれば『教材として用いることは問題としない』との見解」（松野博一文部科学相，2017年3月）に立つことで，教育現場での教育勅語の利用が容認されてきた。

　これに対して，戦後の社会教育は明確に「教育基本法の精神に則」ることを表明し（社会教育法第1条），教育基本法の前文にある「日本国憲法の精神にのっとり」という条文を通して，戦後の日本国憲法の精神（理念）を受け継いでい

ることを明らかにしているのである。

第2節　社会教育・生涯学習の法と理念

（1）すべての人の「学ぶ」権利

　21世紀前半の世界に生きる私たちが，社会教育の課題に向き合い，充実した人生を送るための重要な手段となるものが，「学習権」である。これは，人生の初期にあたる子どもから青年期に過ごす学校という教育制度だけをさすものではない。むしろ，生まれてから死ぬまでの，長い人生の生涯にわたって「学ぶ」ことを保障するものである。

　この生涯にわたる学習権を具体的に保障するものが，社会教育・生涯学習の法と制度である。戦後，国民主権による民主主義と平和主義をめざしてきた日本国憲法は，教育基本法（1947年）をはじめとした教育法政を整備することで，その理念を定着させようとしてきた。とりわけ，社会教育法制は選挙民である成人が「学ぶ」ことを通して，人権の抑圧と戦争への道を再び繰り返さない政治の実現を保障する役割を担うものであった。その意味で，学校とは次元の異なる社会教育行政の内在的矛盾（小川利夫）をかかえながらも，国民の自己教育運動によって発展してきたものである。

　ここでは，学習権を保障する国際的な理念の影響を受けながら体系化され，整備されてきた日本の社会教育・生涯学習の法や制度の特徴を明らかにする。こうした制度が社会や地域の課題解決にどのような役割を果たすのか，これからどのように変わろうとしているのか考えたい。

（2）社会教育法を支える理念

　日本国憲法第26条には「すべて国民は，法律の定めるところにより，その能力に応じて，ひとしく教育を受ける権利を有する。2　すべて国民は，法律の定めるところにより，その保護する子女に普通教育を受けさせる義務を負ふ。義務教育は，これを無償とする」と規定されている。こうして保障された「教育を受ける権利」は，もともと義務教育に限定されるべきものではない。

たとえば，代表的な社会教育施設である公民館になぜ無料原則が適用されてきたのか。その１つのルーツを，『新しい公民館像をめざして』（東京都教育庁社会教育部，「三多摩テーゼ」1974年）に求めることができる。その「公民館運営の基本─７つの原則」として，公民館が住民の自由な学習・文化活動の場であり，自由なたまり場として差別なく均等に解放されるためには，公民館が無料でなければならないとして，「自由と均等の原則」に照らして無料であることの必要性を説いた。こうして「無料の原則」は，憲法に規定された近代的諸権利に根拠をもつ国民の学習権を具体的に保障する重要なシステムの１つとして位置づけられる。

　公民館が無料である必然性を，憲法・教育基本法に保障された国民の教育権・学習権に求めるという考え方は，無償の教育の根拠をどこに求めるのか，教育基本法に内在する能力主義をどう解釈するのかに規定されている。堀尾輝久は教育がもつ公共性を「人権と臍の緒で繋がっている公共性」と規定し，戦前の「義務だから無償」という考え方に求めるのではなく，近代的権利としての「権利だから無償」であるとの考え方に立つことの必要性を強調している（『月刊社会教育』1997年）。そのうえで，島田修一が提起した教育基本法第12条（旧法第７条）の「社会教育」に基づいて教育基本法全体を捉え直すという視点を，教育基本法が「まさに誕生から死ぬまでの生涯を通じての学習権という思想を軸に考えなければならない」ものとして評価し，第４条（旧法第３条）の「教育の機会均等」に規定された「能力に応じた教育」（旧法「能力に応ずる教育」）を文字どおり能力主義的に解釈するのではなく，「（能力の）発達の必要に応じて」と解釈すべきであるとした。つまり，無償の根拠を「権利としての教育」に求め，それが保障する「能力に応じた教育」を「能力の必要に応じた教育」と理解することで，無償の教育は義務教育段階にとどまらない，生涯にわたる教育へと広げられなければならないのである。

　2006年の教育基本法の「改正」によって，社会教育・生涯学習に関連する規定が増えている。「生涯学習の理念」（第３条）が新設されたほか，「社会教育」（第12条，旧法第７条）の文言の一部が修正されている。とりわけ「社会教育」

に関する規定が具体的な例示を含めて精緻化されたようにみえるものの,「家庭教育及び勤労の場所その他」を「個人の要望や社会の要請にこたえ」という文言に置き換え,「教育の目的の実現」を「社会教育の振興」と言い換えることが, 社会教育の役割を矮小化するものとなりかねないとの批判もある。また,「家庭教育」(第10条) や「幼児期の教育」(第11条),「学校, 家庭及び地域住民等の相互の連携協力」(第13条) の新設が, 社会教育との関連を広げるものとされている。

(3) 生涯学習振興法の特徴と構成

「生涯学習の振興のための施策の推進体制の整備に関する法律」(生涯学習振興法, 1990年) には, 教育基本法や社会教育法などの教育法との関連が記載されていない。そもそも社会教育法第2条における「社会教育」概念の定義の明確さに比べて, この法律には「生涯学習」概念の定義が存在しない。生涯学習という用語を政府が使いはじめたのは, 臨時教育審議会 (臨教審) の第2次答申 (1986年4月) のなかの「生涯学習体系への移行」であったといわれている。しかし, この当新聞に生涯学習の説明はなく, 法案の提出を答申した中教審答申「生涯学習の基盤整備について」(1990年1月) にも定義らしいものは見当たらない。とはいえ, この用語を文部省がどう理解しているのかについて問われたため, 生涯学習局長は国会で「国民の一人ひとりが充実した人生を送ることを目的として生涯にわたって行う学習活動」であると答弁している。

さて, 生涯学習振興法は何を目的に制定されたのか。ここ (第1条目的) では生涯学習を振興するために,⑴都道府県の生涯学習の振興に資するための事業体制の整備,⑵地域生涯学習振興基本構想の策定,⑶都道府県生涯学習審議会の事務について定めることの3つが施策の柱とされている。配慮等という規定 (第2条) が設けられたこと自体が, この法律の「生涯学習」概念の特殊性を明らかにしている。職業能力開発法や社会福祉事業法など別体系の施策を拘束するものではなく, あくまでも学習者の「自発的意志」に基づいて行うことを基本にしているということである。

生涯学習の振興に資するための都道府県の事業（第3条）にかかわって，①なぜ都道府県の事業なのか，②なぜ教育委員会の事業なのか，③生涯学習は社会教育よりも広い概念なのかが問われてきた。都道府県の事業の推進体制の整備に関する基準（第4条）は全国的な動向を把握している文科大臣が定めるが，都道府県の事業を制約するものではないとされている。法制定時には第5条から第9条までをひとくくりとして，民間事業者の能力活用を前提にした地域生涯学習振興基本構想に関する規定であるとされていた。地方分権推進一括法（1999年）に伴う「改正」で第5条4項などの「承認」が「協議」に，第6条「承認基準」が「判断基準」に変更され，第7条「基本構想の変更」が削除されている。しかし，第9条「負担金についての損金参入の特例」は民間事業者の活用に不可欠の措置として維持された。ここで問題になるのが，「民間事業者」や「構想に係る地区及びその周辺の相当程度広範囲の地域」が何をさすのかということであろう。民間事業者は具体的にカルチャーセンターやスポーツ施設の経営者などであるとされ，地域の範囲は「通常の交通手段で1時間から30分以内ぐらいで地区に到達できる範囲」「数十ヘクタールから数百ヘクタールの規模」と想定されている。中央省庁改革関係法（1999年12月）によって第10条「生涯学習審議会」が削除され，第11条以降の規定が繰り上げられている。都道府県生涯学習審議会は「都道府県の生涯学習に関する施策全般にわたって審議対象とする」ものであり，これを任意設置したのは実情に合わせて選択できるようにしたとされる。また，市町村生涯学習審議会の規定を盛り込まなかった理由は，規模や実態が伴っていないと判断した。

第3節　社会教育・生涯学習の制度と施設

（1）社会教育法の特徴

　社会教育法（1949年制定，最終改正2017年）は，全57条（うち第16条，19条，25条，26条，36条，53条の条文削除）からなり，頻繁に改正が行われてきたため40項目の附則が付記されている。こうした条文のなかで，とりわけ社会教育法の正確を特徴づけていると思われるものが，「目的」（第1条），「定義」（第2条）

である。

　まず，社会教育法が「教育基本法の精神」に則ったものであると明記することで，これがいわゆる教育法の枠組みのなかにあること，さらに教育基本法の前文の規定を受けて「日本国憲法の精神にのっと」流ものであることを明示している。また，「社会教育」が「主として青少年及び成人に対して行われる組織的な教育活動」であると定義されていることも重要である。

　社会教育法の第1章総則は，「目的」（第1条），「定義」（第2条）の後，「国及び地方公共団体の任務」（第3条），「国の地方公共団体に対する援助」（第4条），「市町村の教育委員会の事務」（第5条），「当道府県の教育委員会の事務」（第6条），「教育委員会と地方公共団体の長との関係」（第7条，第8条），「図書館及び博物館」（第9条）からなる。第9条において「図書館及び博物館に関し必要な事項は，別に法律をもって定める」とされたことを受けて，図書館法（1950年）と博物館法（1951年）が制定されている。

　現行社会教育法が定める制度の基本的な枠組みを規定する条文が，以下に続く。第2章社会教育主事等（第9条の2〜7），第3章社会教育関係団体（第10〜14条），第4章社会教育委員（第15〜19条），第5章公民館（第20〜42条），第6章学校施設の利用（第43〜48条），第7章通信教育（第49〜57条）である。こうした条文から，現在の社会教育制度が，事務局を教育委員会におき（第1章），専門職制度としての社会教育主事制度（第2章），主体としての社会教育関係団体（第3章）・社会教育委員（第4章），施設としての公民館・図書館・博物館等（第5章，図書館法，博物館法等）などで構成されていることがわかる。

　たとえば，第3章社会教育団体は「社会教育関係団体の定義」（第10条），「文部科学大臣及び地方教育委員会との関係」（第11条），「国及び地方公共団体との関係」（第12条），「審議会等への諮問」（第13条），「報告」（第14条）で構成されている。

　こうした条文のなかで，次の2つの事項がとくに注目される。

　第一に，審議会などに諮られる社会教育関係団体への補助金の交付（第13条）の問題である。社会教育関係団体が「公の支配に属しない団体で社会教育に関

する事業を行うことを主たる目的とするもの」（第10条）と定義されているため，憲法第89条で定める「公金その他の公の財産は，宗教上の組織若しくは団体の使用，便益若しくは維持のため，又は公の支配に属しない慈善，教育若しくは博愛の事業に対し，これを支出し，又はその利用に供してはならない」との条文に違反するのではないかという疑念である。これは1959年の社会教育法「改正」によって付け加えられた条文であり，青年学級振興法（1953年制定，1999年廃止）の国庫補助規定（第18条）とともに，社会教育関係者から批判のあった項目である。

　第二は，社会教育関係団体とのかかわり方に「文部科学大臣及び教育委員」（第11条）と「国及び地方公共団体」（第12条）とで区別を設けていることである。前者（教育行政）は「社会教育関係団体の求めに応じ，これに対し，専門的技術的指導又は助言を与えることができる」とされるのに対して，後者（一般行政）は「社会教育関係団体に対し，いかなる方法によっても，不当に統制的支配を及ぼし，又はその事業に干渉を加えてはならない」と規定されている。一般的には教育行政の自立性を担保するものと解釈されるものであるが，一般行政による「統制的支配」や「干渉」の禁止を明文化していることが注目される。また，教育行政であっても当該団体の「求め」があってはじめて「専門的技術的指導又は助言」のみができるとする，いわゆる「指導助言行政」の立場に徹することが求められるとの理解がなされている。

（2）公民館の制度と特徴

　社会教育施設としてとくに注目されるのが，海外にほとんど類似施設がない公民館である。第5章公民館は，「目的」（第20条），「公民館の設置者」（第21条），「公民館の事業」（第22条），「公民館の運営方針」（第23条），「公民館の基準」（第23条の2），「公民館の設置」（第24条），「公民館の職員」（第27〜28条），「公民館の職員の研修」（第28条の2），「公民館運営審議会」（第29〜31条），「運営の状況に関する評価等」（第32条），「運営の状況に関する情報の提供」（第32条の2），「基金」（第33条），「特別会計」（第34条），「公民館の補助」（第35〜38条），「法人

の設置する公民館の指導」(第39条),「公民館の事業又は行為の停止」(第40条),「罰則」(第41条),「公民館類似施設」(第42条)からなる。

公民館にかかわる論点は多岐にわたるものの,社会教育施設としての性格を規定する,以下の2つの事項に注目したい。

第一に,公民館の目的や設置者から社会教育行政における「市町村中心主義」と呼ばれる。戦後日本の社会教育行政を支えた理念が読み取れることである。そうした考え方を最もよく示したものが,1952年に文部省が作成した『社会教育の手引き』である。

> ただ社会教育行政において特筆すべきことは,社会教育の行政の基礎単位を市町村に置いたことである。これは社会教育行政が,その対策とする住民にもっとも効果的な機能を発揮して行くためにはなるべく小範囲の地域を基礎にして展開されるべきであって住民の意向に従って諸計画が立案され,実施されてはじめて社会教育の意義を有するからである。

こうした考え方は,社会教育法第21条で「公民館は,市町村に設置する」と規定されることでより明確化されている。これは第20条の目的で,「市町村その他一定地域内の住民のための」教育機関であると規定するとともに,公民館が国および都道府県などのより広域的な地域を対象としたものではないことを明示するものとなっている。

第二は,「公民館の運営方針」(第23条)をめぐる営利事業,政治活動,宗教行為との関係にかかわることである。歴史的には図書館法や博物館法のように,公民館に関する規定を「公民館法」として独立した法律にしようという動きがあったものの,結果として公民館の法的な条項はすべて社会教育法の第5章にまとめられている。公民館に関する規定の特徴は,「公民館の事業」(第22条)のあとに「公民館の運営方針」(第23条)が付け加えられ,「もっぱら営利を目的とした事業」「特定の政党の利害に関する事業」「市町村の設置する公民館は特定の宗教を支持」することを「行ってはならない」と明記していることである。

こうした条文を一読すると,あたかもすべての営利事業,政治活動,宗教行為が公民館で禁止されているようにみえるが,必ずしもそうではない。社会教

育法の策定に大きな影響を与えた寺中作雄は，公民館が「その行う事業によって多少の営利的目的を達することを全面的に禁止する趣旨ではない」と述べ，特定の営利的事業者と協定を結んで事業を委託したり，特別な利益を与えるような計画を立てたりすることや，その事業に公民館の名称を使うことを「厳に禁止しなければならない」としている。ただし，公民館における営利事業を一律に禁止しているわけではなく，直営事業として住民のために湯屋を経営したり，理髪業を行ったり，小規模に飲食物を販売したりすることは「必ずしも本条の違反ではない」としている（寺中作雄『社会教育法解説』1949）。

　また，第1項二号で公民館における政治活動そのものが禁止されているようにみえるが，条文に「特定の政党」「特定の候補者」と限定されていることや，教育基本法第14条に「良識ある公民として必要な政治的教養は，教育上尊重されなければならない」との条文があることから，政治活動や政治教育のすべてを排除する「消極的な中立主義」ではなく，あらゆる政治活動に公平に開かれた「積極的な中立主義」が求められているのである。こうした解釈を端的に示すものが，「公民館の施設を政党主催の講演会にかすことも特定政党に偏せず各政党平等の原則を堅持しうる限り，かりに一政党に使用させる場合でも差支えありません」とした，『公民館質疑応答集』（公民館研究会，1953）の記述である。また，『衆議院議員福田明夫君提出市町村立公民館を政党又は政治家に貸し出す事に関する質問に対する答弁書』（2015年6月19日，内閣総理大臣）において，「社会教育法第23条第1項第2号の規定は，…公民館を政党又は政治家に利用させる事を一般的に禁止するものではない」と明記している。

　さらに，第2項で禁止されている宗教行為についても，主語が「市町村の設置する公民館は」であることから，第21条第2項に定める「一般社団法人又は一般財団法人」が設置する民間公民館には適用されないものである。仮に公立公民館であっても，教育基本法第15条に「宗教に関する寛容の態度，宗教に関する一般的な教養及び宗教の社会生活における地位は，教育上尊重されなければならない」との条文があることから，政治活動と同様の解釈ができるとされている。

（3）解体される社会教育・生涯学習行政

『社会教育終焉論』（松下圭一，1986）はコミュニティセンターでの市民の学習活動を視野に入れて，社会教育行政（職員）が市民を啓蒙・啓発する時代は「終焉（おわった）」したと述べた。あれから30年を経て，文科省の社会教育課が廃止されることになった。

文科省「平成30年度機構・定員要求の主要要求事項」（2017年8月）の「1. 組織改正要求」において，文化庁および生涯学習政策局・初等中等教育局・高等教育局が再編され，①生涯学習局を廃止して総合教育政策局へと再編する，②社会教育課・青少年教育課を廃止・統合して地域学習推進課へと再編する，③男女共同参画課を国際教育課，健康教育・食育課と統合して共生社会学習推進課へと再編することが盛り込まれた。

こうした再編を「将来の我が国社会を創造する『人づくり』の実現を期し，『教育アクセス』の確保・充実をはじめとする総合的な教育政策の推進のための体制整備」と説明した。総合教育政策局のもとで，①就学支援（小中高）と奨学金（大学）が「学習基盤支援課」に，②教職員課（小中高）と教員養成が「教育人材政策課」に，③初等中等教育局にあった海外子女教育・外国人指導，学校安全，学力調査もそれぞれ移行・吸収することで巨大化していることである。

まさに，「生涯学習」から「総合教育」へと局名を変更することで，社会教育中心であった生涯学習政策に学校の教員人事や生徒・学生支援にかかわる事業を取り込むことで，文字どおり，学校教育と社会教育の両面を統括する役割を果たそうとしているかのようにみえる。これを初等中等教育局からみると，学校の教育内容と管理に直接かかわる業務以外のものをすべて失っているのである。仮に，博物館関連業務を加えて京都に移転する文化庁やスポーツ庁に続いて，総合教育政策局が総務省に，高等教育局と科学技術・学術政策局（旧科学技術庁）が経済産業省に移管されると，文科省を学校教育省（もしくは学校管理庁）にすることができる。

2017年9月11日に第1回人生100年時代構想会議が開催された。その目的は「人生100年時代を見据えた経済・社会システムを実現するための政策のグラン

ドデザインに係る検討を行う」ためであり，安倍首相（当時）を議長に人づくり革命担当相（議長代理），文科相（副議長），厚労相（副議長），財務相，内閣官房長官，女性活躍担当相（総務相），一億総活躍担当相，経産省と有識者で構成されている。中間報告（2017年12月11日）によれば，リンダ・グラットン議員（ロンドン・ビジネスクール教授）が著書で紹介した「2007年生まれの子どもの50%が到達すると期待される年齢」が日本では107歳となるとの指摘を前提に，「幼児教育から小・中・高等学校教育，さらには社会人の学び直しに至るまで，生涯を通じて切れ目なく，質の高い教育を用意し，いつでも有用なスキルを身につけられる学び直しの場が，安定的な財源の下で提供される必要がある」とし，「全世代型の社会保障」へと転換していくと述べている。この直前に閣議決定された「新しい経済政策パッケージ」を基礎に，幼児教育の無償化，待機児童の解消，高等教育（大学）の無償化，私立高等学校の実質無償化，保育・介護人材の処遇改善をポイントとし，年明け以降にリカレント教育や大学改革などの論点を議論して，夏には基本構想を打ち出すとしていた。

　中教審は，公立社会教育施設の書簡の在り方等に関するワーキンググループ（2018年2月22日）を発足させ，観光振興による地域経済の活性化の手段として，①公立博物館を地方公共団体の長（首長）が所管すること，②それ以外の公立社会教育施設の書簡のあり方などについて検討した。その結果を受けて，第9次地方分権一括法（地域の自主性及び自立性を高めるための改革の推進を図るための関係法律の整備に関する法律）が成立（2019年5月）し，「教育委員会が所管することとなっている博物館，図書館，公民館などの公立社会教育施設について，社会教育の適切な実施の確保に関する一定の担保措置を講じた上で，地方公共団体の判断により首長部局へ移管することを可能とする」とされた。

　こうして地教行法の改正（2015年）によって首長の権限を大きく強めた教育委員会は，公立社会教育施設の所管を首長に移すことでますます学校教育に特化した組織になろうとしていた。

第4節　新型コロナウイルス感染症のもとでの社会教育・生涯学習

　2020年以降の新型コロナウイルス感染症のパンデミックは，世界のあり方を変えるだけでなく，社会教育・生涯学習のあり方を大きく変える可能性がある。依然として「収束」しない新型コロナの感染状況について，現在（2022年10月）は第七波（感染者のピークは2022年8月5日の3万7676人）の減少期に当たるものの，再び第八波の到来が警戒されている。ここでは，ワクチン・治療薬・検査薬がほとんど存在しなかった第一波（東京都では2020年1月24日〜6月末）における社会教育・生涯学習関連施設の動向を中心に振り返る（第一波への対応は，水谷・朝岡編著『学校一斉休校は正しかったのか？』筑波書房，2021より引用）。

　第一波への対応として特筆すべき出来事は，学校臨時休業（3／2〜5／31）と緊急事態宣言の発令（4／7〜5／25）であろう。安倍首相（当時）は全国的なスポーツ・文化イベント等の2週間の中止，延期または規模縮小などの要請をし，文科省は「社会教育施設において行われるイベント・講座等の考え方について」で自粛を求めた（2月26日）。こうした状況に対応して，多くの社会教育事業が中止・延期され，社会教育施設も臨時休館となった。公民館等の社会教育施設の休館状況に関する全国的な調査がないため，『月刊社会教育』2020年9月号は1都3県の公民館休館調査の結果を紹介し，「休館開始日は多様であったものの，緊急事態宣言（4／16）以降開館していた例がほとんどなく，6月末にはほぼすべて休館を終了していた」（特集小委員会，2020）と述べている（岩松真紀他）。また，日本公民館学会の自治体調査（全54市町村・第1次緊急事態宣言期間）によると，全面休館が32自治体と最も多く，窓口のみ継続していた自治体を加えると37自治体であったが，実際には各地域の状況にあわせ一部業務を継続した自治体も存在した（岡，2020）。

　図書館は，おはなし会などのイベント中止が相次ぎ，なかには子どもの入館を制限した図書館もあった。その後，4月7日に7都府県に緊急事態宣言が発出されたことを契機に，全国で休館する図書館が増加した。saveMLAKの調査によると，4月15日，16日の時点で，都道府県立図書館47館中30館(63.8%)，

市町村立図書館（図書室）1502館中858館（57.1%）が休館した。とくに，緊急事態宣言の対象に指定された7都府県における休館率は96.9%（355館中344館）で，ほぼすべての図書館が休館した（石山雄貴）。

　博物館の多くも，臨時休館の期間延長を繰り返し，結果として「当面の間」という先の見えない対応がとられ，緊急事態宣言が全国に拡大された4月7日以降には，都道府県から施設の使用停止の協力要請を受けてその数は急激に増加し，ゴールデンウィークが始まるころには日本国内ほぼすべての博物館が休館した。実際には緊急事態宣言下で4月8日から5月6日まで臨時休館を予定するものの，その後の緊急事態宣言延長に伴い5月31日まで（または当面の間）期間延長するところが多くみられた（田開寛太郎他）。これは，動物園や水族館などほかの社会教育施設，自然学校などの野外教育施設や事業にも大きな影響を与えた。

　こうした社会教育施設における新型コロナ対応には，いくつかの重要な問題が見いだされる。

　第一は，「移動の自由や職業の自由はもとより，教育機関・図書館・書店等の閉鎖によって学問の自由や知る権利も，公共的施設の使用制限や公共放送の動員等によって集会や言論・表現の自由も一定の制約を受けることが懸念される」（日本ペンクラブ声明，2020年4月7日）で提起されている市民が「学ぶ権利（自由）」を制限してよいのかという問題である。一般的には緊急事態（理論的には「例外状態」）において市民の権利（自由）は制限できると理解されているものの，基本的人権にあたる学習権は安易に制限されるべきではなく，その制限が問題解決に向けた試行錯誤や社会的なコンセンサスを困難にする危険性をもつのである。

　第二は，学校に比べて公民館や図書館，博物館，動物園・水族館といった社会教育施設で市民や子どもたちが「自由」に学び，活動することは後回しにされやすい傾向があることである。はたして，子どもに対する学校教育の保障と市民に対する社会教育・生涯学習の機会の保障に，優劣や順位をつけることが理論的に可能なのか，妥当なのかについて学習権という視点から議論が尽くさ

れなければならない。

　第三は，図書館の再開ガイドラインの「来館者の安全確保のために実施すること」として「氏名及び緊急連絡先を把握し，来館者名簿を作成する」ことに対し，果たして「図書館利用のプライバシー保護に関する最大限の配慮を行う」ことで十分なのかという疑問である。これは倫理綱領にある「図書館員は利用者の秘密を漏らさない」を来館の有無も含めて考える必要はないのか，行政内とはいえ来館の事実に関する情報共有は許されるのかという問題となる。さらに，社会教育施設において公衆衛生上の必要があるとはいえ，感染リスクの高い市民（高齢者や持病のある人）や感染の可能性のある人の利用を認めないということが，「利用者を差別しない」という原則（倫理綱領，九条訴訟判例）に抵触せずにどこまで認められるのかという問題にもつながる。

　新型コロナ感染症のもとで，オンラインなどを利用した講座や事業の模索がなされ，デジタル図書の利用も進むなかで新たな社会教育・生涯学習の施策・事業の可能性がみえている。しかしながら，こうした可能性の多くはコロナ以前から指摘され，試行されてきたものであり，コロナ禍という緊急事態のもとで一気に前のめりに進んだと評価できるものである。こうした変化を前向きにとらえて新たな社会教育・生涯学習の実践に取り組む必要がある一方で，学習権や「自由」に関する基本的な問題や社会教育施設・職員に求められる新たな役割が議論されなければならない。

　※本章は，鈴木敏正・朝岡幸彦編著（2018）『社会教育・生涯学習論』学文社の「社会教育・生涯学習の法と制度はどうつくられたのか」を大幅に加筆・修正した。

第4章　社会教育・生涯学習を保障する財政をどう考えるか
── 財政

第1節　社会教育の市町村主義

　社会教育法第3条は，「国及び地方公共団体は，この法律及び他の法令の定めるところにより，社会教育の奨励に必要な施設の設置及び運営，集会の開催，資料の作製，頒布その他の方法により，すべての国民があらゆる機会，あらゆる場所を利用して，自ら実際生活に即する文化的教養を高め得るような環境を醸成するように努めなければならない」と戦後社会教育に関する国および地方自治体の責務を示した。

　社会教育法第4，5，6条は，市町村，都道府県，国の役割を示すとともに，第21条は公民館の設置主体を市町村とした。このことは，社会教育行政は，住民に身近な市町村が第一義的責任をもち，都道府県が広域的に，国が全国的に市町村を支え，補完していく「市町村主義」を示すものであった。また，この「市町村主義」は同時に，社会教育に関する費用の多くを市町村財政から支出することを意味した。ただし，社会教育法で示された国や地方自治体の事務は「予算の範囲内」という任意のものとされ，義務的規定とはならなかった。こうした行政の「任意性」は，社会教育の自治的な運営やそれによる創造的な展開，各自治体の地域性を反映する一方で，市町村財政の状況によって，社会教育の運営のあり方は大きく左右されることを意味する。そこで，本章は，社会教育の環境醸成の第一義的責任をもつ市町村を中心とした地方財政をとりまく状況やその社会教育への影響，社会教育費の現状を確認し，今後の社会教育財政の論点を提示したい。

第2節 「公共施設マネジメント」による市町村財政の効率化・合理化

（1） 公共施設等総合管理計画の策定

　今日の地方財政は，地域再編をめざす国家的政策によって，効率化・合理化が強いられ，厳しい状況におかれている。たとえば2010年代では，消滅可能性都市を指摘した増田レポートを背景に，自治体間競争や「選択と集中」，公共サービスの撤退とその産業化を通して地方財政の効率化・合理化をさらに進めていく地方創生政策が開始された。この方向性は，Society 5.0の実現に向けて設置された「自治体戦略2040研究会」の報告書にも示され，引き続き進められてきている。そして現在では，国家による地方財政の効率化・合理化を具体的に進めていくために，公共施設の総延床面積減，施設管理事業のアウトソーシング化，施設使用に対する受益者負担という3つの方向性からなる「公共施設マネジメント」が全国の市町村で進められている。

　現在の公共施設再編の動きは，2014年4月に総務省が各自治体へ，公共施設等総合管理計画作成を要請し，総合管理計画に記載すべき事項や計画策定の留意事項等の指針を示したことから始まる。指針では，計画期間における公共施設等の数・延床面積等に関する目標やトータルコストの縮減・平準化に関する目標などについて，できるかぎり数値目標を設定するなど，目標の定量化に努めることなどを求めた。この要請を受け，ほぼ全国の地方自治体で計画が策定されることとなったが，策定された計画のなかには，これまで各施設が蓄積してきた歴史を無視し，機械的に算出した将来不足額をもとに施設再編の必要性を提示するような，地方財政の支出削減という国家の方針を色濃く反映した計画も少なくない。

　また，公共施設削減のインセンティブのために，2015年に公共施設最適化事業債制度が創設され，それを発展させた公共施設等適正管理推進事業債制度が2017年に開始された。これは，各自治体が作成した公共施設等再編計画に基づく公共施設の集約化・複合化事業，長寿命化事業，他用途への転用事業，立地適正化事業（コンパクトシティの形成に向けた長期的なまちづくりの視点に基づく

事業），除却事業にかかる費用に対する90％の起債を認め，集約化・複合化事業は起債した額の50％，除却事業を除くほかの事業は起債した額の30％（財政力に応じて30～50％）を地方交付税により措置する制度である。たとえば，公共施設の集約化・複合化事業を行う場合，市町村は事業全体の10％という少ない元手で事業に取りかかることができ，事業費の55％を市町村が負担し，残りの45％を国が地方交付税を通して負担する計算になる。対象となる事業は，制度開始後，ユニバーサルデザイン化事業（2018年），太陽光パネル設置などの脱炭素化事業（2022年）が長寿命化事業などと同様の充当率，交付税措置率で追加されている。なお，この制度は当初，2021年までを事業期間としていたが，2026年にまで延長している。現在，多くの地方自治体は，厳しい財政運営を強いられているなかで，交付税措置による有利な起債の利用に機敏に反応せざるを得ない。そのため，こうした財政誘導が契機となり，社会教育施設も含めた公共施設の再編が進められていくことになるのである。

（2）施設管理事業のアウトソーシング化

公共施設等総合管理計画作成の指針は，公共施設削減の目標数値のほか，PPP（パブリック・プライベート・パートナーシップ：公民連携）やPFI（プライベート・ファイナンス・イニシアティブ：民間資金主導による公共サービスの提供）の積極的な活用の検討を要求している。また，「経済財政運営と改革の基本方針2015」（2015年6月閣議決定）を受け，総務省が発表した「地方行政サービス改革の推進に関する留意事項」でもPFIや指定管理者制度の導入等のアウトソーシングを求めている。社会教育施設とかかわり，とくにその導入が進められているのが指定管理者制度である。これは，2003年の地方自治法改正によって導入された，公の施設の設置目的の達成のために，民間事業者を含む幅広い団体（指定管理者）にその管理を行わせることを可能にする制度である。総務省自治行政局長通知「地方自治法の一部を改正する法律の公布について」（2003年）によると，「多様化する住民ニーズにより効果的，効率的に対応するため，公の施設の管理に民間の能力を活用しつつ，住民サービスの向上を図るととも

に，経費の節減等を図ること」を制度の目的としている。これらのアウトソーシングは，基本的に公共サービスを市場に開放することで，経済成長戦略の一環として新しい民間のビジネス機会を拡大させるとともに，そのサービスについて公共が撤退することで，支出削減をめざすものであるといえる。

　社会教育施設に対する指定管理者制度に対し，社会教育推進全国協議会常任委員会は「指定管理者制度に関する文部科学省2005年1月25日文書に対する社全協の見解」（2005年）を発表し，指定管理者制度が公民館・図書館・博物館などに導入されるならば，「（1）民間事業者による経営や経費節減等による受益者負担の増大，（2）公民館運営審議会・図書館協議会・博物館協議会など住民自治システムの後退，（3）営利性・効率性優先による学習の自由の侵害，（4）指定期間設定による社会教育事業の継続性の否定，（5）社会教育施設で働く職員の労働条件の切り下げと専門性の後退など，総じて地域住民の学ぶ権利が侵害されていくことが予想されよう」と指摘している。また，図書館での導入について，日本図書館協会は，「公立図書館の指定管理者制度について」（2016年）において，「当協会では，地域住民とともに図書館づくりを進めてきたこれまでの公立図書館の形成の歩みを踏まえ，現在においても公立図書館に指定管理者制度の導入は基本的になじまない」という考え方を示した。

　実際の指定管理者制度の導入状況（2021年）をみると，公民館（類似施設含む）は1万3798館中1477館（10.7％），図書館は3400館中704館（20.7％），博物館（類似施設含む）では5771館中1314館（22.8％）で指定管理者制度が導入されており，とくに図書館，博物館でその割合が多く，三館ともに増加傾向にある。指定管埋先としては，公民館は，地縁による団体（自治体・町内会など）が多く，指定管理者制度を導入している公民館の約34％を占める。図書館では会社が多くその割合は79％，博物館では社団法人・財団法人が多くその割合は49.5％となっている。こうした実態から，指定管理者制度の背景には市場開放があったが，公民館ではそれが困難であることがわかる。また，図書館では近年，図書館費が削減傾向にあることもあり，指定管理団体となる会社が事業を通して利益を生み出していくことはますます困難になり，そのしわ寄せを職員

の人件費削減に回さざるを得ない状況があると考えられる。

（3）受益者負担による施設利用の推進

　ほぼすべての自治体で作成された公共施設等再編計画だが，なかには「受益者と公費負担の公平性や施設を利用するものとしない者との公正性を確保する観点」や「施設更新の費用捻出の観点」から「使用料等の受益者負担の見直し」を計画に位置づけ，受益者負担の積極的な導入を検討している自治体も多い。社会教育施設における受益者負担は，以前から検討されており，とくに1970年代以降の日本の行財政改革と連動し，社会教育の民営化・市場化をより一層進める生涯学習政策の展開のなかで議論が進められてきた。そうした議論は，自発的意思・自己選択による自己責任・受益者負担の原則を基調とし，学習者を権利主体ではなく単なる消費者や受益者と位置づける市場原理に基づき，社会教育に関するサービスを受ける対価を求めるものであった。

　受益者負担と関連して，図書館・博物館はその個別法に入館料が原則無料であることが明記されている一方で，社会教育法には公民館の使用料や入館料に関する記載がない。そのため，公民館の利用料はその自治体の条例に基づき決定され，その記載内容は各地によって異なる。たとえば，「公民館の使用料は，無料とする」と明確に規定する自治体もあれば，条例に利用料が有料であることの記載がないことをもって無料と解釈したり，基本有料だが社会教育関係団体への減免措置制度によって無料とするケースもある。それゆえに，公民館が住民に無料で開放されるための条例上の根拠がきわめて曖昧な状況にあるといえる。社会教育法上に公民館の利用料に関する規定がないことは，「規定するまでもなく無料が常識」（国生寿，1999）であることの表れとも捉えられるが，市場化を推し進める流れのなかで「無料であることの根拠がない」とみなされ，今後もさらに受益者負担が進められていくおそれがある。

　全国公民館連合会による「2018年度公民館実態調査」では，有料と明記している市町村が81.9％であり，有料と明記している市町村では，全額免除と減額措置を両方とも設けている市町村が78.5％，全額免除規定のみ，減額規定のみ

の市町村はそれぞれ13.5%，3.5%であった。つまり，多くの市町村は，その基本的な方針として受益者負担の原則に立って施設利用者に相応の負担を求めながらも，公民館条例及び施行規則において，使用目的が教育の振興やその他公益上で特に必要があると認められるときには，使用料を減免することができるようにしている現状がある。

そもそも公民館における受益者負担は，経済的状況による利用者の制限や無償の範囲を示すことを通した公権力による学習の内容や方法の選別につながり，本来公民館で保障するはずの住民の学習の幅を狭めることとなる。また，現在にも通じる公民館像を示した「新しい公民館像をめざして（三多摩テーゼ）」（1974年）は，公民館が住民の自由な学習・文化活動の場であり，自由な溜まり場として差別なく均等に解放されるためには，公民館が無料でならなければならないと「無料の原則」を示し，公民館は，さまざまな権利を住民が行使する「住民自身の施設」であることから，「公民館を無料で利用していくことは当然の権利であり，逆に使用料を納めることは，保障されているはずの権利に矛盾することになる」と指摘した。ゆえに，公民館をはじめ社会教育施設が無料で使えることは「権利としての社会教育」を保障するにあたり重要な基盤となる原則であり，現在の受益者負担論の広がりはそうした社会教育に関する権利保障を大きく後退させるものといえる。

第3節　社会教育費の状況とその脆弱性

（1）縮小する社会教育費

地方教育費調査における社会教育費の財源別推移を示したのが図4-1である。この図をみると，社会教育費の多くが市町村財政より支出されていることがわかる。また，社会教育費のピークは1990年代中頃にあり，その後減少を続け，2010年代に入ると約1兆6000億円付近で横ばいの状況となっている。図4-2からその支出内訳をみると社会教育費のピークである1990年代中頃では，土地の取得や施設整備に関する資本的支出が多く，支出全休の3分の1を占めている。資本的支出の多くは地方債が充てられているため，数年遅れてそ

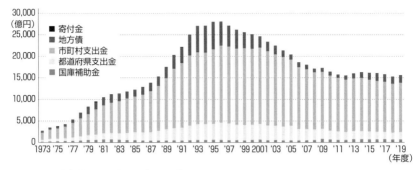

図4-1　社会教育費の推移（財源別）

出所：「地方教育費調査」より筆者作成

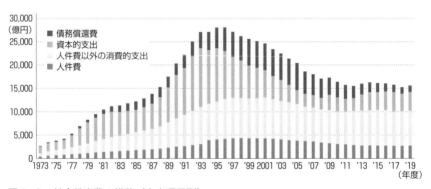

図4-2　社会教育費の推移（支出項目別）

出所：図4-1と同じ

の債務償還が始まり，債務償還費のピークが2000年前後にある。その後，資本的支出の減少に伴い，債務償還費も減少傾向にある。1990年代は体育施設や公民館・図書館・博物館も増加傾向にあるが，同時に劇場や音楽堂等の多様な社会教育施設が急増していく時期であり，それらの整備費が多く計上されていたと考えられる。人件費に着目すると，1998年にピークを迎え（約4377億円），その後削減傾向にあり，2010年代では人件費削減の底ばい傾向になり，2018年にはピーク時からその約40%減の2714億円となっている。地方財政白書によると市町村の人件費は，1998〜2019年までで約11兆1106億円から9兆9043億円へと

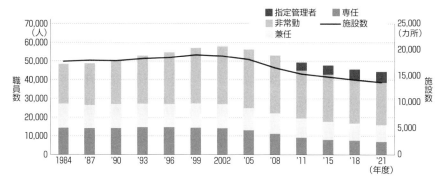

図4−3 公民館職員数・施設数の推移
出所：「社会教育調査」より筆者作成

約11％の削減率である。単純な比較はできないが，それでも社会教育の分野で
かなり人件費の削減が進んできたことがうかがえる。

　図4−3は，公民館数と職員数の推移である。公民館数は，2000年前後にピー
クを迎え1万9063館に至ったが，その後2010年代に急速に公民館数は削減され，
2021年にはピーク時の72％程度の1万3798館となった。職員の推移をみると，
施設数同様に2000年あたりにピークを迎えるが，それまでの増加の背景には非
常勤職員数の増加があることがわかる。以前から，公民館で働く職員の40％は
非常勤職員であったが，2021年にはその割合が半数を超している。他方で専任
職員数は，施設数が増えた1990年代においても減りつづけ，2021年度調査にお
いてはピーク時の半分以下の職員数となり，専任職員は全職員の15％程度と
なっている。2011年から指定管理者における職員数も調査対象となったが，自
治体職員の数がどの形態でも減少するなかで指定管理者職員が増加傾向にある
こともわかる。

　図4−4は，公民館費・図書館費・博物館費の推移である。とくに公民館費
に着目すると，公民館費は2000年前後をピークに減少しつづけ，2010年代はピー
ク時の40％減の2100億円付近で推移している。これらのことから，非常勤職員
を増加させつつ公民館数を増やし，1990年代の地方自治体職員の定数管理を凌

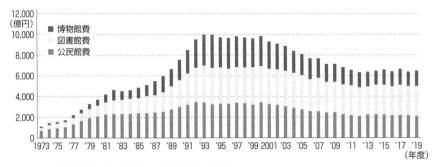

図4-4　公民館費・図書館費・博物館費の推移

出所：図4-1と同じ

いできたが，その後2000年代以降のさらに強まる定数管理や公民館から生涯学習センターへの移行などによる公民館数減のなかで専任職員数を減らし，社会教育費も削減されてきたと推測できる。

（2）地方交付税算定における社会教育費の位置づけ

　市町村における社会教育費の財源は，主として地方税と地方交付税からなる一般財源が充てられる。一般財源は，各自治体がその裁量によってその用途を決定できるため地方財政の根幹となるが，地方税は人口規模や産業構造による自治体間格差がある。そこで，自治体間の財政格差是正とすべての自治体の教育や福祉，インフラなどのナショナルミニマムを保障するために，各自治体の財政力に応じて国から地方に地方交付税が交付されている。その交付額は，基準財政需要額と基準財政収入額の差額により交付される。基準財政収入額は，地方自治体の標準的な税収入の一定割合により算定された額であり，基準財政需要額は「簡単にいうと，地方団体が標準的な領域において行政を行い，標準的な施設を維持する場合において必要となる一般財源の所要額」(柴山護，1973)である。その額は，あらかじめ定められた標準団体（人口10万人規模）における消防や土木，教育，厚生，産業経済，総務などの分野にかかる費用を機械的に算定し，各分野の人口1人当たりの費用や学校1校当たりの費用などを単位

費用として算定する。そして各分野における単位費用に当該自治体の人口や学校数などの測定単位を掛け，補正係数を用いて自然・社会的条件などに基づき補正した値を積算し，その自治体の基準財政需要額が決定する。

　社会教育にかかわる経費も基準財政需要額の算定項目の１つとして盛り込まれている。標準団体（2021年）には，公民館本館１館，地区館８館，図書館１館が設置され，社会教育職員として課長２名，職員25名（うち公民館６名，図書館８名）配置され，その費用は２億5584万円（うち公民館費5831万円，図書館費8662万円）と設定されている。この費用のうち一般財源を充てた額（約２億5017万円）を標準団体の人口10万人で割った2502円が単位費用になる。この単位費用を補正係数で補正し，測定単位である各自治体の人口を掛けた値が，各自治体において社会教育とかかわり基準財政需要額に積算される額になる。実際の社会教育費における市町村支出は，2019年で人口１人当たり約9148円である一方で，その年の単位費用は2451円であり，交付税算定において保障される金額は全体の約27％と地方交付税を通した財源保障はきわめて少ないといえる。社会教育法では，市町村主義を支える国の役割として「財政的援助」があげられているが，その役割が十分に果たしているとはいえず，これが社会教育財政の脆弱性を引き起こしている一因といえる。

　ただし，基準財政需要額により算定される地方交付税の用途はあらかじめ決められるものではなく，各自治体の裁量で決定される。そのため，市町村の財政状況や首長の社会教育に関する方針次第で社会教育費の支出も変わってくる。また，社会教育費算定の測定単位として人口が用いられるため，社会教育施設を削減しても地方交付税交付額は変わらない。同じ教育施設でも学校の場合は，その自治体の学校数が測定単位となっているため，学校統廃合により学校数が減ることは，単純にいうとその自治体の地方交付税額の減少につながる。そのため，社会教育施設は公共施設再編の対象になりやすいと考えられる。

　さらに，2016年度から地方交付税算定におけるトップランナー方式（制度）が開始された。これは，単位費用の算定にあたり，指定管理者制度などの導入によって合理化を進め，経費を削減した自治体の経費を標準とする制度である。

当初の議論では，社会教育とかかわる公民館管理，図書館管理，博物館管理も
その対象とされていたが，関係省（文部科学省および厚生労働省）や関係団体（日
本図書館協会など）において，業務の専門性，地域のニーズへの対応，持続的・
継続的運営の観点から，各施設の機能が十分に果たせなくなることが懸念され
るとの意見があったことなどから，2022年度現在まで導入は見送られている。
ただし，公共施設等総合管理計画の多くでPFIや指定管理者制度の導入など
を進めていくことが明記されている現状から，今後導入が改めて議論されるこ
とは十分考えられ，その議論にも注視していく必要がある。

第4節　学ぶ権利をお互いに保障しあうシステムとしての社会教育財政へ

（1）行財政改革と社会教育再編の対抗軸としての学び

　今日における地方財政改革は，これまで論じてきた「公共施設マネジメント」
という具体的な手法を通して，今後も各地に徹底的に浸透していくことが想定
される。そのなかで施設主義により発展してきた社会教育は，さらなる施設数
の減少，施設で働く職員身分やその生活保障の不安定化，受益者負担の広がり
がさらに進んでいくことになる。こうした状況を転換していくためには，何よ
りも現在の地方財政改革の抜本的な転換による市町村の一般財源の拡充が求め
られる。それ抜きに社会教育費の増額を検討することは，縮小する財源のなか
で他分野との財源の奪い合いになってしまう可能性をもつ。

　そうした地方財政改革の抜本的な転換に向けた1つの学びのあり方として，
住民の財政分析学習に基づく市民財政白書づくり運動が位置づけられる。市民
財政白書づくりは，住民の生活に深刻な影響を与えた1990年代の財政危機のな
かで，自治体の財政分析の必要性に関する市民要求を捉えた公民館職員による
公民館講座に端を発する。市民財政白書づくりの前段となる財政分析学習は，
財政制度について学ぶとともに，自身の住む自治体の財政資料（決算カード）
を用いながら財政データをワークシートに転記していくことで財政に慣れ，決
算額を経年的にみたり，他自治体と比較することを通して，その自治体の財政
に関する考察を得ていく学習である。現在まで(一社)財政デザイン研究所代表

理事などを歴任してきた大和田一紘を講師に住民の生活や社会動向に即した財政分析学習の講座が重ねられ，学習活動は公民館から市職員労働組合，市民団体などの多様な主体により広がり，発展していく。そして，学習グループのなかには講座終了後も自主的な学習活動を継続するグループもあり，そのなかで学習の成果として自身が住む市町村の財政状況を市民目線でまとめた「市民財政白書」がつくられていった。市民財政白書づくりを通して，市の財政状況が文章化されたり，グラフにより可視化されたりする他，財政分析学習のなかで各自がもった疑問や課題意識をもとに新たな財政資料の収集とその検討など新しい学習活動を生み出している。そして，多摩地域から始まった市民財政白書づくりは，全国へと広がり，さまざまな市民団体によって財政白書がつくられている。近年では，長野県松本市で「市民がつくる財政白書の会」によって，市民財政白書がつくられたほか，全国各地で市民財政白書をつくった住民たちやこれからつくろうとする住民たちが各地の実情や白書づくりの経験や思いを共有する「市民財政白書の集い」が多摩住民自治研究所により開催されている。

　市民財政白書づくり運動を分析した楠野晋一（2009）は，市民財政白書づくりにおける学習者の，市民の生活課題から始まり，財政問題への意識化，市民・行政との対話，批判的・創造的意識を経て，連帯するガバナンス主体へと至る自治を担う主体形成過程に着目し，市民財政白書づくりを通して，市民は自治体財政から自治体全体のあり方を決定していく主体への可能性をもつことや，白書づくり運動が社会教育を視野に入れ，総体としての自治の担い手をめざすための「市民組織」を生み出しつつ，新たなつながりをつくっていることを指摘する。そして，市民財政白書づくりは，市民が粘り強い系統的・継続的・集団的学習を下敷に，住民と行政の「協働」のまちづくりをめざすための市民参画についてさまざまあり方を模索し，行政の執行機関，意思決定機関への働きかけや，新たな学習の場の創造の現実化を行うことやこれらの活動によって，市民と行政は立場を明確にしながら，緊張関係を保ちつつ，相互に対等な立場でまちづくりについて議論する新たな関係を生み出していることを指摘する。そうした市民財政白書づくりにおける住民は，単に行政にさまざまなサービス

を要求するのではなく，その市町村がおかれている財政状況に基づき，行政とともに考え建設的な提案，参画していく主体であり，それは団体自治を弱体化させていく現在の地域再編の流れに対し，住民自治を基盤とした団体自治を強化していくために不可欠な存在であると考えられる。

（2）住民の学びを支える多様な財源

　ここまで社会教育費を中心に論じてきたが，自治体における住民の学習活動を支える財源はそれだけではない。たとえば，近年では地域の学校教育や福祉を住民自ら担っていく人材養成のために，社会教育行政とは別の分野からも住民が学ぶことが着目され，その拠点としても公民館が位置づけられ，財政的にも支援されている。これは，住民の学習活動が政策実現のための手段として動員される可能性をもつ一方で，牧野篤（2022）が「社会教育ではない社会教育として，それはすでに社会教育の実態を構成している」と指摘しているように，そうした他分野からの学習支援のあり方と社会教育行政による学習支援のあり方を単純に分けて考えることが困難な現状がある。そうした実態を捉えていくためには，社会教育費として現れてこない財源を視野に入れながら，自治体が支える住民の学びの総体における財政のあり方を検討することが求められる。その際，自治体が社会教育費として支出することの意義，さらには社会教育行政が社会教育行政として住民の学習活動を支えていくことの意義が改めて問われることとなる。

　他方で，現在の社会教育主事養成課程における社会教育経営論では，「厳しい財政状況にあって社会教育事業の具体化を図るため，クラウドファンディングなど多様な手法による資金調達について取り扱うこと」を求めている。社会教育法では基金（第33条）や特別会計（第34条）の設置が認められていることから，社会教育の財源としてクラウドファンディングなどによる寄付金を積極的に位置づけることといった「多様な手法による資金調達」が可能な土台がある。また，島根県松江市の地区公民館では自治体による指定管理料と地区の住民たちが支払う公民館費によって運営がされている実態もある。地方財政は人

口減少による税収減が見込まれ，従来どおりの公共サービス供給のあり方からの変容は免れないことは確かである。だが，公民館をはじめ社会教育施設は，それぞれの専門性に基づき私たちが学ぶ権利を身近に保障する拠点でありつづける必要があり，学ぶことを一部の人の特権化しないためにすべての人々に開かれている必要がある。もちろん受益者負担を通した資金調達方法は避けなくてはならないし，素朴な「多様な手法による資金調達」は公費のさらなる削減の呼び水となる可能性をもつが，こうした税金以外の資金を得ることが，私たちの学ぶ権利の保障にどのように有効なのか，どのようなプロセスを経た「多様な手法による資金調達」であれば学ぶ権利の保障が可能なのかを検討する必要がある。

　神野直彦（2007）が財政を「社会のすべての人が力を合わせて運営している経済」「社会の全ての人によって，社会の全ての人のための運営されている経済」と定義するように，財政は，お互いにお金を出しあい，お互いに運営することによって地域で生活するための諸権利を保障しあうシステムだと考えられる。地方財政が危機的な状況のなかで，私たちの学ぶ権利をお互いに保障しあう民主的なシステムとしての社会教育財政を構築する必要がある。

※本章は，JSPS科研費21K13523の助成を受けた成果の一部である。

引用文献
楠野晋一（2009）「社会教育再編と市民財政白書づくり運動─財政学習による新たな対抗軸の形成」日本社会教育学会年報編集委員会編『自治体改革と社会教育ガバナンス（日本の社会教育第53集）』
国生寿（1999）「社会教育施設の運営をめぐる若干の問題：地方分権一括法との関連において」『人文學』166
柴山護（1973）『地方財政のしくみと運営』良書普及会
神野直彦（2007）『財政のしくみがわかる本』岩波書店
牧野篤（2022）「『学び』を社会に再定位する」牧野篤編『社会教育新論』ミネルヴァ書房

社会教育・生涯学習は地域をどう支えるか
— 地域づくり

第1節 活力あふれるまち長野県松本市に学ぶ

　世界で親しまれる旅行ガイドブック『Lonely Planet』[1]には，活気にあふれるまち（vibrant city）松本は，世界中から訪れる人々や住民に愛される国際色豊かな魅力的な場所であると紹介され，新型コロナウイルス感染症がまん延する前の過去10年間は，国内外から毎年500万人超が訪れるなど，国内有数の観光地である。国宝に指定される松本城や旧開智学校校舎は広く知られ，上高地をはじめ乗鞍高原や美ヶ原高原などの玄関口として多くの観光客で賑わっている。

　ガイドブックを見返してみると，都会の喧騒を離れ，この美しい地方都市に移り住んだ人を含め，若い人たちの生活に対する熱意は並々ならぬものがあると評される。松本市総合計画人口ビジョン[2]によれば，2010〜2015年における10代後半の転入超過は顕著であり，大学等への進学などをきっかけに若者が「あつまる」まちであることは確かで，活動力の旺盛な若者たちの姿が目に浮かぶ。反対に，就職時に他地域へと流出する傾向も高く，20代前半の転出超過がみられ，魅力ある仕事や住環境の創出といった若者が「とどまる」まちが望まれ，旅する人も暮らす人も両方の生活を豊かにするなど，観光と地域づくりのあり方が焦眉の課題としてある。

　本章では，活力あふれるまちを実現するためにも，住民が互いに学びあいながら自己を高めていく営みを基本とした「学習」の組織化に着目しつつ，地域の主体性が発揮される活動とは何かについて考えてみたい。具体的には，長野県松本市の住民と職員（主として公民館主事）が積極的に参加して築き上げてきた自治のあり方を歴史的に概観し，延いては「松本モデル」と呼ばれる地域づくりシステムの特徴を検討し，その展開についての事例を紹介する。

第2節　松本市の「公民館条件整備」への道

　本節では，手塚英男へのインタビューと彼の実践の記録を手がかりに，松本市公民館の条件整備がどのように行われてきたのか，その経緯を確認する（表5-1）。手塚は，1962年4月に松本市に入庁し，1998年3月までの36年間（公民館現場職員としては20数年間），自治体労働運動や住民運動といった住民の学習・文化活動を支え，自ら進めてきた人物である。

① 施設整備・職員体制の立ち遅れ

　1946年の文部次官通牒「公民館の設置運営について」（いわゆる寺中構想）に触発されて，松本市は1947年に松本市公会堂を「公民館」と改称し，これまでのさまざまな住民運動の舞台を土壌にして公民館の各種事業をスタートさせた。1954年，戦後の第一次市町村合併により1市13村が合併し，面積214.85km²，人口14万弱のまちとなり，1959年には，松本市公民館を「中央公民館」と改称し，各分館（旧村公民館）は地区公民館として再発足した。その後，1974年には本郷村が追加合併して1市14村となり，中心市街地（旧市）に中央公民館が1館，周辺農村部（新市）の各地区に1館ずつ計14館，合わせて15館を市立の本館として公民館を並列設置した。

　しかし，松本市は赤字財政の再建団体になったり，学校建築に追われたりして，「不要・不急業務」とされた社会教育は1960年代まで立ち遅れたままであった（手塚，1990年)[3]。建物を見ると，中央公民館は厚生文化会館に併設され看板もなく，多くの地区公民館は出張所（旧役場）の老朽化した木造施設に同居し，暗く，古く，狭い施設だったという。また，職員体制は，中央公民館には専任の正規職員として館長や公民館主事を配置する一方，地区公民館には非常勤嘱託の館長の下，出張所業務と兼務の公民館主事を配置するなど十分とはいえなかった。さらに，公民館主事は，専門職員ではなく事務職員としての位置づけが強く，頻繁に配置換えされることもあり，腰を据えて活動に取り組むことができなかったという。

表5-1　松本市の公民館条件整備をめぐる動き

年	主な出来事		
1946	文部次官通牒（寺中構想）		
1947	松本市公民館発足		
1954	市町村合併（1市13村）		
1959	地区公民館として再発足		
1964	地区公民館の現状報告（巡回懇談会）		
1971	主事研修会の定例化（月2回） 〈第1次基本計画〉コミュニティセンター構想 地区公民館主事の専任化陳情		
1972	公民館主事の専任化		
	公民館改善闘争：市職	職員参加の行政改革：行政	住民運動と連帯：住民
1973	『公民館実態白書』刊行	『公民館の条件整備をどうすすめるか』行政資料準備	「中央公民館を考える会」準備会
1974	労働条件の改善等要求書提出	「公民館制度研究委員会」発足／第1次研究報告	各団体へアンケート／中央公民館を考える市民集会
1975	要求書再提出	第2次報告に向けた研究開始（1976年に報告）	『松本の住民運動と住民の学習』発刊
1976	〈第2次基本計画〉コミセンか，地域配置か？ 公民館主事の専門職化	第3次報告に向けた研究開始（1977年に報告）	
1979	あがたの森開館		
1981	〈第3次基本計画〉22館構想（地域配置論）		
1982	北部公民館開館		
1984	西部公民館開館		
1987	南部公民館開館		

出所：手塚（1998）を参考に筆者作成

② 主事集団の確立と活動

1964年，教育委員会（社会教育課）は巡回懇談会を開いて，地区公民館側から人員不足（出張所業務と兼務）の問題や，社会教育の重要性や主事研修の必要性を要望するなど，地区公民館がおかれた今日的状況を共有する機会を設けた。手塚が社会教育課に復帰した1970年の翌年から，主事会は月2回の定例研修会を行うようになり，各公民館の事業の内容について議論を深めていく。そして，社会教育に関する理論学習を重ねるのと併行して，公民館の条件整備のあり方についての研究調査が進んだという。

1971年，社会教育と一般行政に識見，経験をもち，公民館活動に理解と情熱のある職員配置を希望するなど，公民館主事の専任化に向けた陳情が行われた。その結果，1972年，出張所「兼務」主事と称される職員は，公民館「専任」主事として配置されることとなった。1976年には，教育委員会組織規則改正に伴い，「松本市教育委員会職員の職及び職種名に関する規則」のなかで，公民館主事が専門職員（社会教育主事有資格者）として明記されたことは特筆しておく。

しかし，主事集団が確立されはじめるのと同じ1971年には，総合計画（基本構想，第1次基本計画）が策定され，松本市の社会教育（公民館）に大きな衝撃が走った。その内容は，各地区の15公民館（中央公民館を含む）を廃止し，代わりに8行政ブロックに再編して，より広域的な多目的施設であるコミュニティセンターを新設のうえ，ここに公民館を吸収しようとする構想である。手塚の言葉を借りれば，身近な地区公民館か，コミュニティセンターかをめぐる10年にわたる大論争とその後の公民館条件整備の幕が切って落とされた。

③ 住民が築く松本市の公民館をめざして

結論から先にいえば，大論争の末，コミセン構想は廃案した。公民館をより深く身近な地域に根付かせたのは，市職（公民館現場職員），行政，そして住民，それぞれの立場から顕著な動きが起こり，たゆまぬ努力の結果であるといえる。

はじめに，この論争のなかで松本市職員労働組合（市職労）の運動は活発化し，とりわけ公民館主事会の存在感が増して，公民館条件整備に対する主張が確固とした輪郭を帯びてきたことが重要な意味をもつ。公民館現場職員の団結

と学習の成果として，1973年に『松本市公民館実態白書』(松本市公民館主事会・松本市職員労働組合自治研部発刊) がまとめられ，公民館の体制，施設・備品・機材，職員の勤務実態，予算などの遅れた現状を告発し，行政と市民に改善を訴えることができた。1974年，市職労公民館職場会は市職執行部との検討に入り，その後，労働条件の改善，増員や専門職としての確立について松本市教育委員会に要求書を提出した。1975年，教育委員長から回答があったあと，時差出勤や代休制，専門職の労働条件について要求書を再提出した。

つぎに，1973年，教育委員会 (社会教育課) は「公民館の条件整備をどうすすめるか」といった内部の行政資料をまとめている。その後，職員参加の「公民館制度研究委員会」が教育委員会内に設置され，松本市の公民館の現状や課題を分析し，具体的な条件整備の方策を定めていった。会の性格や運営方針について，「①公民館の実態分析・条件整備のあり方，改善策などを研究する場，②委員は教育委員会が委嘱 (館長会，館長補佐会，主事会の各代表及び社会教育課職員，計15名と現場職員の比重が大きい)，③事務局は社会教育課，招集は委員長 (館長会会長) が行う，④委員会での問題提起事項は，館長会，補佐会，主事会等で討議・反映，⑤教育委員会は，研究結果を社会教育委員会会議に諮り，責任をもって改善の努力をする」の5点を申し合わせたきわめて重い役割をもった委員会である (手塚，1986)[4]。3年間 (研究テーマ) にわたって精力的に研究調査を重ね，1年次(公民館の配置，設備，主事制度)，2年次(館長制度，庁内公民館の活動「町内公民館活動のてびき」作成)，3年次 (公民館の施設) と，各年度の成果を教育委員会に報告した。このように公民館現場職員の態勢によって公民館の改革が強力に進められ，また，人事，予算，組織や条例改正などに関する報告内容は着実に具体化し実施された。

最後に，以上の市職と行政の動きと併行して，住民運動や自治体労働運動が盛んに取り組まれるようになり，市街地の住民からは中央公民館1館だけでは不十分といった意見も出されるなど，公民館をはじめ体育館や運動広場の新設・改築が強く求められるようになったという。1973年，「青年サークル協議会」・住民と公民館主事有志による「社会教育を語る会 (月刊社会教育を読む会)」

を中心に、「中央公民館を考える会」発足への準備が進められた。1974年、公民館などの活動拠点を問わず市内のあらゆる住民団体に呼びかけ、市民集会を開催した。その後、1975年、障がい者、部落解放、公民館づくりなど27編の住民運動レポートを収録した『松本の住民運動と住民の学習』（社会教育を語る会編）を発刊し、第15回社会教育研究全国集会（長野県山ノ内町）にてその成果が報告される。

こうしてみてくると、1970年代の松本市の画期的な公民館条件整備とその改善は、「職員と住民の総合的な運動の勝利」であったといえる（手塚、1990)[5]。そして、1976年、第2次基本計画では、周辺農村部の各地区の公民館を堅持し、市街地は中央公民館のほかに東西南北ごとに配置するなど、身近な地域に公民館を充実させるといった地域配置論が浸透していくこととなる。

④ 着々と身近な社会教育施設整備

1981年、第3次基本計画でコミセン構想を廃棄して、旧市（中学校区位）に5館、新市（旧村＝小学校区位）に17館と住民の日常生活区に22公民館を整備する方針を確立し、地区公民館の存置と増設が決定した。その後、住民と行政が連携協力することへの市民権を得て、生涯学習基本計画や身近な地域における福祉の充実へとつながり、「松本モデル」の基礎を築いていく。

1995年、公民館主事が中心となって「地区福祉ひろば」構想をまとめ、順次3地区（本郷、里山辺、寿地区）に設置し、また地区福祉ひろばと併設して地区公民館の増設も進んだ。こうした公民館的な要素を含んだ福祉ひろばの具体的な構想は、手上げ方式で職員が集まって共同議論するという、当時の行政の現場では珍しいプロジェクト研究の場で形づくられていった（松田、2022)[6]。松田が指摘するように、「松本市の福祉ひろばは、社会教育（公民館）における福祉的機能の土壌から生まれるべくして生まれた」のである。

さて、2004年、平成の大合併により5町村（浜田町は2010年に合併）が合併し、全35地区（旧市13、新市17、合併5）となった。そして、2014年、公民館の「学習」、福祉ひろばの「地域福祉」、支所出張所の「地域振興」の3つの基本理念を横断的に結び包含する施設として、全地区に地域づくりセンターが設置

された。地域づくりセンターは，「松本市地域づくりを推進する条例」に基づき，住民の声に直接耳を傾け，地域の実情をふまえながら住民自治を促す取り組みを連携・支援する立場であるが，次節ではその詳細をみていく。

第3節　松本市における地域づくりの展開

（1）松本市の特色ある支援のあり方

　松本市の特徴は，公民館（学習機能），福祉ひろば（地域福祉機能），支所・出張所（窓口サービス機能），そして，地域づくりセンター（地域振興機能）が地区を一体的に支援していく仕組みが働き，町会と市との協働による住民主体の地域づくりを展開している点にある（図5-1）。それらの施設は，多くの地区で敷地内に併設化，または複合化されている。そして，職員体制は，地域づくりセンター長（市課長），地区公民館長（嘱託），公民館主事（市職），地区福祉ひろばコーディネーター（地区内の適任者嘱託），そのほかにも本庁から出かける地区担当職員として保健師，ケースワーカー，社協職員が配置される。

　行政システムとしての体制は，地域づくりセンター長がコーディネート役として公民館や福祉ひろばそれぞれの機能を発揮し，社会教育，保健や介護などの専門職員が地域課題に応じて適時適切に住民主体の地域づくりを支援し，さまざまな活動団体への相談対応を進める。また，地域課題や支援策を検討するために地区担当職員による地区支援企画会議や，本庁の課題解決支援チームを組織して部局横断での活動を推し進める。さらに，地区内外の市民活動団体，大学や企業などと積極的に連携して，それぞれの長所を生かした協働による課題解決の取り組みを促進している。

　地域システムの特筆すべき点は，町内公民館，社会福祉協議会，学校，民生児童委員，健康づくり推進員，農業団体や商工団体などが各地区の実状に応じて柔軟に組織化され，緩やかな協議体を構成することである。また，地域づくりセンターが協議体の運営に係る業務支援を行うことで，課題の大きさや内容によって参加する団体や個人が入れ替わることができる。松本市が掲げる「緩やかさ」の特徴は，①地区内の団体をつなぐネットワーク機能，②誰もが話合

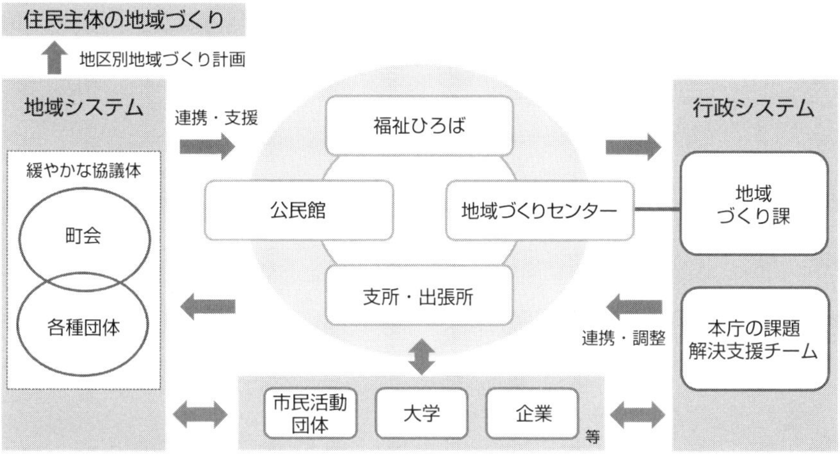

図5-1　松本市の地域づくりシステム
出所：松本市地域づくり課（2022）を参考に筆者作成

いに参加し意見交換する機能，③地区の情報，課題を提供し，共有する機能，④地区の意思決定・合意形成の機能，⑤地域づくりの計画化機能，⑥計画に基づき役割分担する機能，以上6点を備えた地域づくりセンターに依るところが大きい。こうした「緩やかさ」を通して，住民の意見やニーズが生かされ，かかわった住民が関心をもち続ける仕組みとなり，住民参加を重視した地域づくり計画策定が実現すると考える。

（2）身近な地区や町会を基盤とした地域づくり

松本市の地区では，町会の下位組織として常会，隣組の順で住民の生活に密着した小さな単位に分けられ，組内の意思疎通の機会が設けられる。こうした点を念頭において，地域づくり活動の一例として防災をテーマに町会単位で取り組む島内地区の活動をみていく。

島内地区は中心市街地に近く，鉄道駅やスマートICが設置され，生活の便がよい地域である。人口1万2421人，高齢化率26.3％（2022年5月1日現在）と，人口が市内で7番目に多く，地区は20町会に分けられる。また，宅地造成

が進む町会では高齢化率が低い一方，山間部に位置する町会は高齢化率が高く，町会ごとにかかえる課題に違いがある。さらに，地区の大部分が梓川，奈良井川の一級河川に囲まれて水害のリスクが高いだけでなく，山間部においては土砂災害に備える必要もある。そのため，小さい地域の単位で防災について考える必要があり，日頃から顔の見える関係づくりが重要といえる。

　このような地域課題を受けて，島内地区ではモデル町会を設定し，要援護者の「個別避難計画づくり」や，災害時の避難行動について定めた「タイムライン」の作成などの独自の取り組みを進める。モデル町会の一例として，島高松町会（常会5，隣組58）は，「一人でも多くの命を助ける」ことを目標に，大規模災害時の共助による救出支援体制づくりに取り組む。2021年，第5常会を選定し，隣組単位での避難行動の構築に向けた話し合いをスタートさせた。同年8月に実施した隣組長説明会では，災害時に「どこに集まるか，どのように安否確認をするか，どのような支援が必要か」をテーマに，グループワークが行われ，その後，各隣組で支援が必要な人を確認し，隣組における支援体制と避難行動の具体化を進めている。

　では，地域づくりセンターの役割をみてみると，地域づくりセンターが中心となって，介護保険事業所等との連携，小・中学生の力を活かした防災活動，要援護者の個別計画づくりなど，町会が独自に取り組みやすい環境を整えた効果は大きいと思われる。また，公民館や福祉ひろばと連携し，地区内の各種団体をつなぐことで，住民同士に共助の意識を醸成している。そして，モデル町会のさまざまな取り組みを参考にして災害や防災を自分事として捉え，避難行動，避難支援に対する理解を深めることができる。以上，地域システムと行政システムが互いに連携・支援しあうことで，あらゆる町会を巻き込んだ「避難行動要支援者」への安否確認訓練や避難所運営委員会設置の推進に成功している。

　改めて公民館の果たす役割を考えると，防災事業を進めるうえでの方向性を自律的に決定するために，住民による話し合いや学びあいを通した，地域を担う仲間づくりや後進育成にも貢献している。それは，活動に参加していた人が

町会の役員に就任したり，町内公民館長から町会長に就任したりするなど，個別具体なケースがあるとはいえ地域への理解醸成を図った持続可能な自治会活動につながり，まさに社会教育（公民館）で培われた地域力が基盤となり，地域全体の防災力を高めているといえる。

第4節　松本らしい住民主体の地域づくり

（1）多様な主体による協働を支える新たな仕組み

松本市は，総合計画（基本構想2030・第11次基本計画）のなかに「住民自治支援の強化」を掲げ，住民主体の地域づくりを活発化し多様な主体の連携協力をめざし，2021年に「地域づくりセンター強化モデル事業」をスタートさせた。2022年，8地区（庄内，島内，芳川，四賀，寿，岡田，里山辺，奈川）をモデル地区に設定し，それぞれが特色のある地域活動に取り組んでいる。

この事業の特徴をみてみると，人員体制の増強，地域づくりセンター長の権限強化，保健師の駐在化の3点にまとめられる。はじめに，地域づくりセンター担当職員として課長補佐を1人増員する。よりスムーズに地域の困りごとを把握し解決するための人員体制を整えて，各地区が設定する重点課題への取り組み強化につなげている。つぎに，地区ごとに配分される交付金予算（町会，福祉ひろば，地域づくり，防犯）を一括化し，センター長の権限で弾力的に地域自治支援交付金を活用することができる。また，既存の地域づくり推進交付金 |45万円＋（世帯数×50円)| と同額の交付金を拡充して，提出された事業計画書に基づき事業の効果や予算額を地区内で審議して，適切な額を各種団体に支給する。最後に，保健師の駐在化（週3日程度）を行い，介護予防や育児支援に至るまできめ細かく地区の状況把握や相談・支援を充実させるなど，顔の見える保険業務の分散化を推し進めている。

いっぽうで，地域づくりセンター長がさまざまな事業費を掌握するなど予算の使途や配分に関する懸念，さらに，市長部局による上からの発想で住民を動員する危険性を高めた組織になるのではないかといった不安の声もある[7]。市長答弁では，「交付金の一括化は，各地区が柔軟に交付金を活用できるように

することが目的」とし，また，「公民館，福祉ひろば，地域づくりセンターの独自性を損なうことはなく，地域づくりセンター長がこの関係性を充実させ，各職員がモチベーションを高めながら専門性を発揮し，地域づくりに取り組めるよう進めていく」ことが明言され，一定の理解を得たと思われる。

（2）地域づくりセンター権限強化モデル事業の活動例

　地域自治支援交付金を活用した各地区の提案事業と実績報告書については，松本市のウェブサイトに掲載されているのでぜひ調べてほしい。ここでは若い世代の割合が比較的高い芳川地区を取り上げ，多様な主体による地域づくりをみていく。

　芳川地区は松本市の南に位置し，ワインや奈良井宿が有名な塩尻市と隣接した地域である。平坦な地形にあり，JR篠ノ井線が2駅，それに並行する国道や環状線などの幹線道路，長野道のICがあるため移動に支障がなく，生活関連店舗や医療機関も充実している。生活の利便性が高い地域であることから宅地造成も進み，とりわけ若い世代の移住が増え，人口1万7406人，高齢化率22.4％（2022年5月1日現在）と，高齢化率は市内で2番目に低い。

　地域自治支援交付事業の例をみてみると，隣近所の関係の希薄化に対する地区重点課題として「働き世代等，若い世代の地域参加促進」事業をはじめ，Iターンなどの若い世代の移住者のための顔の見える関係づくりを目的とした「ソフトでつなぐ地域の絆」事業がある[8]。また，芳川地区では2021年に青年団を復活させ，多くの住民が地域づくりに興味をもち，地域の困りごとに取り組むためのきっかけづくりを始めたという。その後，町会連合会三役，民生児童委員会長，公民館長を構成員として地域づくり協力隊を発足させ，地域自治支援交付金を財源に，「芳川いきいきプロジェクト」と「野溝箒プロジェクト」への活動計画を承認しサポートを行う。

　「芳川いきいきプロジェクト」は，地区内の働き世代，高校生や中学生，大学生が参画し，地域のつながりづくりのために何が必要かを考え，自由なアイデアを話し合う。これまでに「芳川まるっと青空市」や「フォトコンテストin

芳川」を実施し，焼き芋焼き機などイベントの際に必要な備品に交付金を使う（写真）。ほかにも，多世代交流として「孫世代が教えるスマホ講座」を企画したり，災害時や緊急時に隣近所に住む人の顔や名前を知らないことに問題意識をもった大学生が，転入者向けの「家

芳川まるっと青空市の様子
出所：芳川地区地域づくりセンター提供

族紹介カード」を作成するなど，さまざまな立場や思いの人たちの地域への積極的関与がみられる。

「野溝箒プロジェクト」は，伝統工芸品の継承を目的に，多世代交流，地域のつながり強化を行う。2021年はプロジェクトの方向性や年間スケジュールを話し合い，まずは道具集めから行ったという。2022年は，地区内の高齢者を講師として招へいし，また耕運機や草刈り機などの購入に交付金を使い，草取りや収穫などホウキモロコシの栽培から箒の製作までの一連の作業に取り組む。この事業を通じて「野溝箒」を初めて知る企画メンバーや参加住民も多く，芳川地区に住む人々が長年大切に守り続けてきた技術や地域資源が若い世代へと受け継がれている。

第5節　社会教育・生涯学習から地区自治のあるべき姿

松本市において特筆すべき住民自治（あるいは地域の顔がしっかり見える「地区自治」と呼ぶ）の姿かたちとは，公民館主事や保健士などの自治体労働者と住民が積極的に地域づくりに参加して，地区の学習・福祉・健康・子育て・防災を築いていくなかに現れる。言い換えれば，身近な地区に公民館，福祉ひろばや地域づくりセンターなどの施設拠点と市の職員を配置し，「地区自治」を

基盤とした地区住民と地区常駐職員が協働して，地域課題の解決に取り組む「松本モデル」といえる。では，こうした方針を確かなものにするためにこれからの課題は何か，それは，①引き上げられていた保健師を地区に再配置，②地区児童館・児童センターとの連携，③地区防災センターの設置，④地区内の学社連携，⑤本庁各課からの適切な支援などさまざまなことが考えられよう。

　こうした地区自治の基盤のうえに，公民館が松本市の地域全体に根ざしていることは疑いようのない事実である。手塚（1998）[9]は生涯の活動を通して，子どもから高齢者まで住民誰もが日常的に通って利用できる公民館（住民利用の論理），住民の生活に根ざした公民館（地域密着の論理），住民自治につらぬかれた公民館（住民自治の論理）といった松本らしい公民館像を明確にしてきた。そして，松本市の公民館をめぐる闘いを背景に生み出された，「松本テーゼ」と手塚がひそかに呼ぶものは，ヒト（職員）・モノ（施設など）・カネ（事業予算など）の三位一体の条件整備を求め，住民が主役の自由な社会教育活動のための節度ある適切な教育行政の役割を果たすべく，すでにある公民館のテーゼを確実に実現するための具体的な方策を示し，着実に実行に移してきたことに歴史的意義がある。それは，住民・職員・行政内努力の3つの力を発揮すれば，社会教育といった1つの行政分野にすぎなくても，「住民本位の市政をきずき」「民主的行政を確立」することができるという「1つの実験（試み）」でもあったといい，これからの公民館の役割を考えるうえでの財産になるだろう。

　最後に強調しておかなければならないことは，松本市における地域づくりを改めて考えるとき，地区や町会などの自治機能を深く理解し，住民自治に根ざした団体自治を実現することの重要性がみえる。現在，全国的に公共施設再編計画が進むなかで，受益者負担の考え方に基づく有料化の流れ，大規模な市町村合併の推進と市町村数の減少に伴う施設の統廃合，職員や事業費の削減，民営化の可能性など，公民館が次第に廃止・転換される傾向にあるといえる。松本市の公民館も他人ごとではなく，歴史的に築かれた「松本モデル」が有名無実となり，住民にとって必要不可欠な施設拠点が遠ざかっていくことも考えられる。このような事態に直面して手塚は，「松本市が地区自治を創り上げてき

た記憶と記録を掘り起こし，住民と地区常駐職員がどう理念や行動力を高めていくかが求められる」と，地区常駐職員の「ナワバリを超えたヤル気」を期待し，現役の職員にエールを送る。私たちは，公民館活動を通して地域づくりの土壌を醸成したといえる「松本らしさ」に学び，多様な主体による協働体制を構築することで，「みんなで実践，みんなで共有，みんなで住みよい地域づくり」が可能となり，真に持続的かつ自律的な地域づくりが実現できるだろう。

注

1）Lonely Planet，https：//www.lonelyplanet.com/japan/central-honshu/matsumoto（2022年9月27日最終閲覧，以下 URL 同じ）。
2）松本市（2021）「松本市人口ビジョン」『松本市総合計画（基本構想2030・第11次基本計画）』122-138頁，https：//www.city.matsumoto.nagano.jp/uploaded/attachment/21836.pdf。
3）手塚英男（1990）「身近な地域の社会教育施設—長野県松本市の公民館づくりの歴史と到達点」小林文人・藤岡貞彦編『生涯学習計画と社会教育の条件整備—生涯学習計画と政策のあり方，公民館，図書館，博物館の新しい役割と基準法制を展望する』エイデル研究所，152-170頁。
4）手塚英男（1986）「住民の学習・文化施設を整える—松本市の施設整備体験ノート」『学習・文化・ボランティアのまちづくり—草の根活動・松本「あがたの森」からのメッセージ』自治体研究センター，53-92頁。
5）手塚（1990）前掲書。
6）松田武雄（2022）「地域社会における社会教育と福祉の接続と混在—松本市地区福祉ひろば創設期の考察—」『地域総合研究』23（1），松本大学地域総合研究センター，35-44頁。
7）松本市「予算特別委員会（2022年3月17日）」10号 https：//ssp.kaigiroku.net/tenant/matsumoto/SpMinuteView.html?council_id=2968&schedule_id=10&minute_id=107&is_search=true。
8）松本市，2021年度　松本市（芳川地区）地域自治支援交付事業，https：//www.city.matsumoto.nagano.jp/uploaded/life/80957_243874_misc.pdf。
9）手塚英男（1998）「掲載資料の自己註記」『信州・松本—社会教育職員の仕事　第4集　公民館づくり』社会教育資料集刊行委員会，190-197頁。

参考文献

手塚英男（1998）「松本市の『公民館条件整備の道—まず住民の学習ありき—』」『信州・松本—社会教育職員の仕事　第4集　公民館づくり』社会教育資料集刊行委員会，3頁
松本市地域づくり課（2022）「地域づくりとは」https：//www.city.matsumoto.nagano.jp/soshiki/49/3556.html

第6章　公民館は市民の学びにどうかかわるのか ― 公民館

第1節　社会教育・生涯学習を支える施設としての公民館

（1）住民の学びを支え，保障する公民館

　全国には公民館が1万3798館（類似施設を含む）ある（表6-1）。戦後日本に公民館が設置されたのは，第二次世界大戦に敗れ，戦前の国家体制への反省と共に平和で民主的な国家の再建が急務となり，「祖国再建への活路を開くべき原動力として構想され着手されたもの」だからである。戦争により荒廃した郷土の再建には，「住民自らが郷土を再建しようという当事者意識を持ち，責任を持って地域の課題を解決する自治力を育てる必要がある。そのためには，住

表6-1　社会教育関係施設の施設数の推移

（施設）

区　分	公民館（類似施設合む）	図書館	博物館	博物館類似施設	青少年教育施設	女性教育施設	社会体育施設	劇場・音楽堂等	生涯学習センター
平成　11　年度	19,063	2,592	1,045	4,064	1,263	207	46,554	1,751	…
14	18,819	2,742	1,120	4,243	1,305	196	47,321	1,832	…
17	18,182	2,979	1,196	4,418	1,320	183	48,055	1,885	…
20	16,566	3,165	1,248	4,527	1,129	380	47,925	1,893	384
23	15,399	3,274	1,262	4,485	1,048	375	47,571	1,866	409
27	14,841	3,331	1,256	4,434	941	367	47,536	1,851	449
30	14,281	3,360	1,286	4,452	891	358	46,981	1,827	478
令和　3	13,798	3,400	1,306	4,465	840	358	45,680	1,832	496
平成30年度からの増減数	△483	40	20	13	△51	0	△1,301	5	18
平成30年度からの増減率（%）	△3.4	1.2	1.6	0.3	△5.7	0.0	△2.8	0.3	3.8

出所：文部科学省（2022）「令和3年度　社会教育調査」

民同士が集い新しい社会を築くための学びや交流する場が必要だ」とした。

　そして，1946年7月，当時の文部省から各地方長官宛てに「公民館の設置運営について」という文部次官通牒が発せられたことにより，全国に公民館が建設されることになった。当時，文部省社会教育課長であった寺中作雄は，戦前の反省をもとに民主的な日本をつくるための教育の必要性を説き，公民館は「平和と民主主義の学習」「他人を思いやる学習文化の香りの高い人格を形成する学習」「産業を振興し，政治をただし，豊かな地域社会を創造する学習をする場」であるとして，戦後の公民館の性格を方向性づけた。さらに，1949年には教育基本法に基づいて社会教育法が制定され，公民館は法的根拠を得て日本全国の市町村で設置が進められた。

　その後，1960年代には高度成長経済政策の一環として「全国総合開発計画」が策定され，産業構造の転換と大都市圏への人口集中や中山間地での過疎化が加速した。当時の大都市圏の自治体では，人口増加に伴う生活基盤整備に多額な出費を必要とされる時期であり，それまでの住民の文化的同質性や地縁の論理とは異なる新たな都市住民や組織労働者のコミュニティ施設建設の要求や，急激な生活環境の変化から生じる健康や暮らしの不安や生活環境改善のための集会や学習を保障する場や機会，住民の学びと交流の機会を支援する専門職員の配置を求める強い意思が表明され，「権利としての社会教育」と呼ばれる流れを生みだした。

　そうした状況のなかで，1963年に枚方市教育委員会が『社会教育をすべての市民に（通称：枚方テーゼ）』と題して，社会教育とは何かを定義した文書を公表している。第1章で①社会教育の主体は市民である，②社会教育は国民の権利である，③社会教育の本質は憲法学習である，④社会教育は住民自治の力となるものである，⑤社会教育は大衆運動の教育的側面である，⑥社会教育は民主主義を育て・培い・守るものであるとして社会教育の向かうべき姿が明記された。1965年には，東京多摩地域の公民館職員や研究者の集まりであった三多摩社会教育懇談会が，都市で生活する労働者や女性の学習に注目して，都市型公民館のあり様を「公民館三階建論」として発表した。さらに，長野県飯田・

下伊那主事会が，教育専門職であると同時に自治体労働者であるという 2 つの性格から生まれる課題の統一をテーマに，「公民館主事の性格と役割（通称：下伊那テーゼ）」を明文化した。そして，1974年 3 月に東京都教育庁社会教育部から発刊された『新しい公民館像をめざして（通称：三多摩テーゼ）』では，4 つの役割（自由なたまり場，集団活動の拠点，私の大学，文化創造の広場）と，7 つの原則（自由と均等，無料，独自性，職員必置，地域配置，豊かな施設整備，住民参加）を明らかにし，都市型公民館像をさらに明確にした。

　2020年 1 月以降，新型コロナウイルス感染症の拡大に伴い，これまでの公民館や社会教育施設での対面集合型の学習・交流スタイルは，集団での感染予防と，いわゆる三密（密閉・密集・密接）回避のため，会場定員の半数の利用人数とし，飲食を伴う活動やコーラス・カラオケといった活動も制限された。東日本大震災，たびかさなる台風や集中豪雨での災害，そして新型コロナウイルス感染症を契機に地域で人がつながることの大切さを再認識した私たちは，改めて，住民の学びを支えいつでも学習を保障する公民館の意義や必要性を再評価する必要がある。

（2）公民館の発展と生じてきた課題—東京多摩地域の自治体を中心に

　2020年 3 月時点で，東京多摩地域26市には70の公民館が設置されている。公民館が増加した背景には，首都圏に人口が集中して多様な社会インフラの整備要求が強まり，「新しい公民館像をめざして」が発刊されて各自治体が公民館のデザインをイメージしやすくなったこと，国や東京都からの補助金などが用意されたことがあると考えられる。そして，公民館の設置のみならず，社会教育の専門職として採用された職員も増えたことで，多様な住民の学習を支援する体制が充実していった。

　他方で，自治体の財政負担が増加したことから，行政が負担すべき社会的サービスの範囲として公民館の運営について，さまざまな課題も表面化した。現在も続く国や地方自治体の社会教育行政を縮小する流れは，1980年代の新自由主義に基づく「生涯学習政策」が背景にあると考えられる。国が生涯学習の考え

方をはっきりと示したのは，1981年の中央教育審議会答申『生涯教育について』が最初であると思われる。その後1987年の臨時教育審議会答申が「生涯学習体系への移行」を打ち出したことで，国の社会教育政策は大きく変わった。

　公的社会教育領域の市場開放を狙う生涯学習政策によっては，住民は「主権者」としてより，「消費者」としての意識が強く働くように仕向けられ，いつの間にかサービスを提供され，学習を選択させられていることすら気がつかない，消費的生涯学習社会に向かうことが危惧された。

（3）人口減少社会，人生100年時代への対応と公民館

　2017年に設置された人生100年時代構想会議（内閣府）の主なテーマは「全ての人に開かれた教育機会の確保，負担軽減，無償化，そして，何歳になっても学び直しができるリカレント教育」などである。第3章でもみたとおり，リンダ・グラットンは，人生100年時代を見据えて就学時代の学校（教育），就業期の成人教育（仕事），そして定年後の高齢者教育（引退）としていた3ステージ制での学習形態ではなく，マルチステージ制を提案している（図6-1）。長寿社会で変化に対応して生活していくためには，「多様な人間との間で構築する信頼・規範・ネットワークといった社会の組織から生み出されるソーシャ

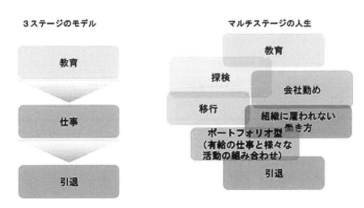

図6-1　従来の3ステージからマルチステージの人生へ
出所：リンダ・グラットン（2017）「人生100年時代構想会議資料4-2」

ル・キャピタル」が重要であるとの指摘は以前からあった。これまでの単線的な人生から，今後は知識や経験，人間関係などを再構築していく学習や学び直しといったマルチステージな人生が求められることは容易に想像できる。時代と共に心身の変化についていくために多様な人間とかかわっていく「変身資産」という概念は，これからのマルチステージ制での新たな視点であり，ソーシャル・キャピタルと生涯学習を結びつけながら統合的に学習する場が公民館ではないだろうか。

第2節　公民館職員としての専門性

（1）公民館職員の専門性と固有性

戦後直後の初期公民館構想（黎明期）のなかで，公民館職員は次のように記述されていた。

> 公民館には専任職員を置くこととし，主事と呼ぶ。…兎も角公民館の職員は実際の公民館経営の第一線を担当するものであり，公民館活動の成果が上がると否とは職員の努力如何に懸かっているものであるから，其の人選にも相当の人材を配すべきであり，…。

公民館の黎明期では，「青空公民館」と呼ばれたこともあるように，施設・設備などが不足している状況のなかで，職員は専任が望ましいとされ，公民館を運営する重要な位置づけをされていた。

1960年代には，社会教育の拠点施設としての公民館は徐々に設置数・事業数ともに増加し，日本各地で多くの実践が取り組まれるようになり，住民の実践や学習を支える職員の役割も積極的に語られるようになった。

社会教育4つのテーゼと呼ばれる「枚方テーゼ」「公民館三階建論」「下伊那テーゼ」「三多摩テーゼ」では地域の歴史的・社会的背景が異なっているにもかかわらず，公民館職員としての資質や果たすべき役割に関する記述は，ほぼ共通している。それは，住民の奉仕者としての自覚，社会教育の内容と方法に関する深い識見，教養と教育の経験を持ち，その助言・指導について高度の教育技術，地域の実情に関するあらゆる資料を集め，分析整理し，学習資料とし

て住民に提供する力が必要とされるというものである。

　片野親義は，公民館職員について「地域を基本に公民館の運営や活動を考えていくべきである」として下記のように記述している。

> ①地域の住民の心理を把握する
> 　できるだけ地域を歩いて，一人でも多くの人たちと直接語り合う。地域は社会の動向と密接につながり絶えず変化している。一面的・部分的ではなくできるだけ立体的・構造的に地域を捉える努力が必要。
> ②住民の学びの要求を総合的に把握する
> 　住民の要求には「見える要求」と「見えない要求」がある。また，地域全体に関する課題と個人的な要求に基づく課題もある。地域課題を総合的・客観的に把握する。

　片野の長い公民館職員経験において，職員1年目に経験した「子ども新聞没収事件」で住民の側に立ち切る職員という立場を明確にし，そして公民館職員の専門性を「住民自身が，自らの生き方を創造する学びを一緒に共有し合うという教育活動の中に見出されるものである」と述べている。

　公民館職員は，自治体労働者として，教育の事業を行う立場として，自ら研鑽を積むことは当然である。そして，一般行政職とは異なる公民館職員としての固有性は，学びの主体が住民であることを意識し，職員は住民の学びを支援する立場にあることを自覚し，住民が自治力を高めるためのさまざまな学習を住民の立場に寄り添って支援することである。とりわけ，日本国憲法の三原則である，国民主権，基本的人権の尊重，平和主義を前提として，住民と向き合って仕事をすることが重要であると考える。

（2）地域コミュニティと住民の学びを支援し伴走する職員

　2003年の「公民館の設置及び運営に関する基準」第8条の2の改正で，職員は「公民館の館長及び主事には，社会教育に関する識見と経験を有し，かつ公民館の事業に関する専門的な知識及び技術を有する者をもって充てるよう努めるものとする」とされた。しかし，「社会教育に関する識見と経験を有し，事業に関する専門的な知識及び技術を有するもの」とは，具体的にどのような方

法や実践で身につくのか，どのような評価によって知識や技術基準を明らかにするのかは明記されていない。

　現在の公民館では，正規職員と言われる自治体職員は3〜5年で職場を異動していくことが多く，専門性を問われても，また専門性を身につけようとしても，将来展望が見えない状況がある。いっぽう，非正規職員（会計年度任用職員）として社会教育の現場で働く職員にとっては，不安定な雇用形態のなかで自治体側から社会教育に関する専門性を求められるが，住民との信頼関係を見いだした段階で異動ないしは雇い止めということも発生する。

　こうした状況のなかで，東京学芸大学が実施している公開講座「学び合いを支える実践力を培う〜コミュニティ学習支援コーディネーター養成講座〜」は，2015年から7回の実践記録集も発行され，公民館や生涯学習現場の職員の力量形成方法の1つとして注目される。開設目的で「─公民館などの施設職員，自治体の生涯学習関連部署およびその他の部署の職員，地域や学校などで学び合いの支援にかかわるスタッフやボランティア等─役割はますます重要視される一方で，こうした人々が学び，その実践的かつ専門的な力量を培う場は充実しているとは言えない」と指摘して，地域での社会教育実践やそれを担っている住民や職員の現状を分析している。

　また，自治体内での研修ができなくなっているなかで，地域コミュニティにおいて市民の主体的な学び合いを支えるコーディネーターの役割が重要であるとする。そして，「コミュニティにおける一人ひとりの学びをつなぎ合いから新しい協働を創り出す支援をするコーディネーターや，そうした学び合いを引き出し励ますファシリテーターとして，地域・コミュニティ・組織の学び合いと協働の展開を支えるための実践力を培うことをねらいとしている」と述べている。この公開講座は，開始当初から東京学芸大学と東京都公民館連絡協議会（都公連）の協働研修として位置づけられている。参加者からは「皆さんの多様な実践と共に悩みや希望等を聞き合い語り合う学びは，先の見えない学校支援ボランティア活動に孤軍奮闘していた私にとって大きな励みとなり，貴重な経験になりました」との報告もあった。

公民館職員としての学びを深めるためには社会教育専門書，社会教育実践者，研修などで講師から学ぶという方法もあるが，職員同士で実践から学びあうという方法も有効であることがわかる。

（3）人づくり，つながりづくり，地域づくりをめざす取り組み

　2018年の中央教育審議会答申「人口減少時代の新しい地域づくりにむけた社会教育の振興方策について」で，地域における社会教育の意義と果たすべき役割として社会教育を基盤とした「人づくり」「つながりづくり」「地域づくり」が明記され，今後の社会教育施設の役割として，公民館は地域コミュニティの維持と持続的な発展を推進する「センター的役割」「地域の防災拠点」とされた。これまでも公民館実践のなかで，人づくり，つながりづくり，地域づくりの取り組みや事業は十分に行われてきた。

　世界的な長寿国となった日本では，「Society 5.0」や「人生100年時代」といったこれからの社会のあり方と生き方に対応する取り組み，SDGs に代表される持続可能な世界の構築を視野に入れた公民館事業の展開も必至と思われる。いっぽうで，地方自治体の議会と財政当局や市民に，説明と納得が得られる事業の検証と評価システムや情報発信がなければ，「公民館不要」論に陥る可能性もあるだろう。

　そのような状況から，福生市公民館運営審議会が行った「公民館の主催講座の企画スタンス転換の提案」から，今後の公民館事業の取り組み方の一例を紹介する。2018年1月，福生市公民館運営審議会から公民館事業の現状と将来について，福生市公民館に提案され，公民館運営審議会委員が作成したものである（図6-2）。

　最初に，福生市公民館が実施している全ての事業を13の課題別項目（地域・まちづくり，人権・平和など）に分け，一覧表を作成し，すべての事業が何を根拠や背景として事業を行っているのか事業の位置づけ（マッピング）を明確にした。その根拠としているものが，①SDGs の17目標，②外務省の日本の課題目標の例，③福生市のめざす方向性，④文科省「ESD で育みたい力」に記述

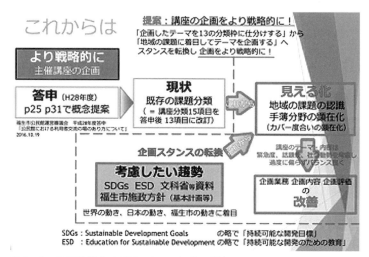

図6-2　公民館講座の企画スタンス転換の提案

出所：福生市公民館運営審議会資料（2018）

されている課題である。たとえば，公民館事業のなかに，①SDGsの「貧困を
なくそう」に該当する事業があるかどうかを確認する。また，福生市の課題は
基本計画に明記されていた23項目あり，公民館事業がどの課題を扱っているの
かが明らかになった。国連，外務省，文科省，福生市の課題と公民館事業の関
係の表づくりを通して，課題解決に向けた公民館事業として実施されている領
域とそうではない領域の「事業のマッピング」ができ，今後の事業展開に向け
て「見える化」できた。もちろん，さまざまな課題に対してすべてを公民館事
業で対応しなければならないというわけではない。公民館が事業として対応す
べき課題の抽出と考えると，わかりやすいのではないか。

　公民館事業のマッピングは事業評価の入口である。福生市公民館では，すで
に2010年の段階で事業評価システムを稼働し，毎年修正を加えて実施している。
多くの公民館での事業評価方法は「計画→実施→点検・評価→新たな計画」と
いったPDCAサイクルを利用したものが多いと思われるが，公民館事業の固
有性から考えて，予算化の段階で「前年の事業を検証→評価→計画→予算化→
実施」というサイクルに改善すべきであると考えている。PDCAサイクルで

の評価は，工場での生産速度や生産効率といった「決められた工程をいかに低いコストで進め，高い生産性を発揮するか」という課題に対する改善を図るのに最適とされている。公民館事業のように，数値では成果を計ることが難しい領域では，必ずしも効果的ではないと思われる。人づくり，つながりづくり，地域づくりに果たすべき役割を持つこれからの公民館事業は，検証・評価を前提とした事業計画が必要ではないだろうか。

第3節　今後の公民館に求められる支援とは─機能と役割

（1）人づくり，つながりづくり，地域づくりの具体的な支援

　今日の日本では，少子高齢・人口減少社会から派生するさまざまな課題，社会的孤立などの今日的課題が明らかであるが，「誰一人取り残さない」持続可能な地域社会実現のためには，社会教育を基盤とした人づくり・つながりづくり・地域づくりが必要不可欠であり，社会教育行政以外の部局やNPO法人などとの連携・協働も必要であると，2018年の中央教育審議会答申にも明記されている。初期公民館構想で描かれた公民館は，住民が学びあい，交流しあい，連帯しあう，地域づくりの主体を形成する拠点であった。今日でも，公民館が地域社会に果たすべき役割は基本的に変わっていないのである。

　ところで，内閣府が主導する第五期科学技術基本計画では，Society 5.0という未来社会を今後の日本の姿としている。サイバー空間とフィジカル（現実）空間を高度に融合させたシステムにより経済発展と社会的課題を両立する，人間中心の社会と説明され，「健康・医療，農業・食料，環境・気候変動，エネルギー，安全・防災，人やジェンダーの平等などのさまざまな社会的課題の解決とともに，国や人種，年齢，性別を越えて必要な人に，必要なモノ・サービスが必要なだけ届く快適な暮らしが実現する社会」とされる。

　いっぽう，リンダ・グラットンは著書『LIFE SHIFT』で，人生戦略の変化を提案し，今までの教育・就労・引退の3ステージから，今後は教育（～22歳）・マルチステージ（～80歳）・老後（～100歳）とするマルチステージ制へ移行するだろうと予測している。そのためには，「幼児教育から小・中・高等学校教

育，高等教育，さらには社会人の学び直しに至るまで，生涯を通じて切れ目なく，質の高い教育を用意し，いつでも有用なスキルを身につけられる学び直しの場が，安定的な財源の下で提供される必要がある」とする。

　Society 5.0に示される社会を前提に，誰一人取り残さない持続可能な社会の構築に向けて行動するためには，行政も住民も「これまで」のあり方に固執しているだけでは展望が生まれない。人生100年時代を生き抜くために，公民館では具体的な形で人づくり，つながりづくり，地域づくりへの取り組み，社会参加への結果を生み出す機会と事業の提供が期待されるのである。そのためには，まず公民館のICT環境や職員が置かれている状況を把握し，ロボットやAI（人工知能）では人間の能力に及ばないとされる「共感力や創造力，理解力，交渉力など」を活かす仕組みづくり，社会参加に制約の多い人たち（障がい者，孤立している者，外国人など）が，住民の一人として社会参加できる仕組みづくりが必要とされる。

（2）地域の担い手としての住民の自治力をどのように形成するか

　1974年に東京都教育庁社会教育部から『新しい公民館像をめざして』が発刊されて以降，とくに東京多摩地域では，4つの役割（自由なたまり場，集団活動の拠点，私の大学，文化創造の広場）をもつ，公民館の設置要求運動が盛んになった。とりわけ国分寺市，東村山市，福生市，昭島市などで住民による公民館設置要求運動が活発化した。その活動の中心を担ったのは，産業構造の転換という国策によって新たに都市生活者となった青年・組織労働者・女性であり，自らの日常生活環境への改善要求が背景にあった。筆者自身がその当事者であり『新しい公民館像をめざして』を学びあい，社会教育の研究者を招いて研修会も頻繁に開催し，学習による成果を住民自らが資料として作成し，地元住民に配布して回った。そして，公民館の設置に向けた請願のための署名を集め，地元の議会に提出し，議会の審議を経て公民館の設置が実現した。住民による公民館に関する学習過程で，設置後まで考慮し，住民の社会教育活動を無料とする条例案を議会に陳情し，決定するという取り組みもした。

公民館設置要求運動に参加した住民たちは，公民館のない不自由な体験を共
有する住民であり，自らの学習環境を改善するのは自分であるという当事者意
識をもち，社会教育・公民館についての系統的で継続的な学びを自発的に行っ
たのである。その取り組みは数年にわたって行われ，さまざまな意見や立場の
違いに向き合いながら合意形成を積みさかね，住民の意思を形にしたものを自
治体へ政策提言として繰り返すとともに，地方自治体の議会に陳情請願という
政治行動を行い，最終的に住民の意思を確立することができた。

　地方自治体の議会で住民の意思を最終決定する取り組みこそ，住民自治の実
現そのものであり，東京多摩地域での公民館設置要求運動には，多くの地方自
治体の社会教育担当職員（社会教育主事）による，住民の求めに応じた学習支
援の取り組みがあった。住民の自治力を高めるために，公民館は地域課題解決
を担う意欲と責任をもつ住民に対して場と学習情報を提供するほか，課題解決
に向けてあらゆる方法を住民と共に学びあい，ほかの住民にも共感の得られる
イベントなどを行政と協働して行い，住民が常に自治をめざす取り組みである
とする視点を，住民とともにつくり上げていくことではないだろうか。

（3）行政や NPO 法人などとの連携・協働

　地域課題としての貧困対策，ジェンダー対応，社会的孤立などの解決や解消
のためには，社会教育を基盤とした人づくり・つながりづくりが必要不可欠で
あり，社会教育行政担当部局以外の部局や NPO 法人などとの連携・協働が必
要だと，多くの人々が考えている。

　筆者自身が設立に関与した「NPO 法人自然環境アカデミー」は，多数の団
体との連携・協働の事業を実施している。それは，公民館主催事業の「自然観
察会」に参加していた住民と，小・中学生を対象とした「自然たんけん隊」に
参加していた子どもたちが，20年以上の学習を積み重ね，地域の自然環境に関
心をもつ住民で構成される調査・研究集団にまで成長し，2001年に NPO 法人
を設立したものである。子ども対象の自然体験事業や保育園や児童館，福生市
内や近隣の小学校での自然観察指導のほか，東京都里山保全地域の管理，木育

体験やネイチャークラフトなども含めたさまざまなアウトドアイベントも引き受けてもいる。

　公民館主催事業においては，NPOと公民館担当職員の間で，企画段階から何度も打ち合わせを行い，具体的な事業計画を作成している。地域や近隣の自然環境の現状把握や課題に対する取り組み状況など，専門的な知識やほかのNPOともネットワークをもつNPO法人としての力量がある。いっぽうで，公民館職員は，身近な自然のなかで仲間との交流や新たな体験を共有することで，身近な自然環境の仕組みと働きを理解するきっかけとし，意見や方法が異なる仲間と協働し合意形成し，体験の機会とする期待や目標がある。

　NPOと公民館の双方の立場を経験した者として課題を見いだせば，NPO側は専門的な力量をもつ人間が目の前の課題に対処する力を発揮できるが，長い視野をもとに自然環境や自然体験活動に理解と技を身につけるといった，学習の機会や人材育成という時間をつくり出すことがむずかしい。公民館側は職員の異動が激しく，長期間にわたる視野をもった事業の企画実施がむずかしくなっている。公民館が学習と交流の場と機会を提供することは，住民にとってはいつでもどこでも誰でもが利用できる，公共空間としての安心感がある。また，より深い学びを求める世代にも，継続的な情報や人材情報提供などの取り組みが可能である。

　今後も，多様な地域課題に対応せざるを得ない公民館は，NPO法人に限らず，自治体内の他部局や民間事業者の参加と協働の取り組みを通して，多様な力量をネットワーク化し活用することで豊かな学習の中身を提供することが可能となると考えられる。そのためにも，多方面との連携・協働する力量が必要である。

参考文献
片野親義（2015）『公民館職員の仕事』ひとなる書房
　　――（2002）『社会教育における出会いと学び―地域に生きる公民館入門』ひとなる書房
寺中作雄（1995）『社会教育法解説／公民館の建設』国土社
文部科学省『令和3年度社会教育調査中間報告』https：//www.mext.go.jp/content/20220

727-mxt_chousa01-100012545_1.pdf（2022年 7 月27日最終閲覧）
リンダ・グラットン＆アンドリュー・スコット（2016）『LIFE SHIFT』東洋経済新聞社

第 7 章　図書館は市民の学びにどうかかわるのか ― 図書館

第1節　社会教育施設としての図書館

（1）立地を考える―いつでも，どこでも

「図書館の設置及び運営上の望ましい基準」（文部科学省告示第172号，2012年12月9日）の「総則二　設置の基本」では下記のように記され，図書館は住民生活に密接であることを考慮し設置することが大切であるといえよう。

> 3　公立図書館法（法第二条第二項に規定する公立図書館をいう。以下同じ。）の設置に当たっては，サービス対象地域の人口分布と人口構成，面積，地形，交通網等を勘案して，適切な位置及び必要な図書館施設床面積，蔵書収蔵能力，職員等を確保するよう努めるものとする。

近年は駅前や商店街の中心的な存在だったデパートなどの商業施設の跡地に図書館を建設する動きも盛んである。空洞化した中心市街地に再び人を呼び戻し，活性化を図ろうとする「図書館を核にしたまちづくり」が行われているが，地方では便の悪い公共交通機関より自家用車がなくてはならない存在であり，その結果，郊外に駐車場を備えた大型ショッピングセンターがつくられ，必然的に中心市街地はさびれていく傾向にある。これはどの地方も同様な現象である。中心市街地につくられた図書館がどの程度，利用され人流をつくり出しているかは，今後検証が必要だろう。さまざまな場面で「まちづくりと図書館」というテーマが登場し当たり前のように使われているが，それが本当に機能するかは，それぞれの地域や住民の意識にもかかわってくる。

いっぽう，地方都市以外の山間村部では，過疎化が進み図書館サービスが十分に機能しているとはいいがたい。司書がおかれておらず，蔵書も不十分な図書館や公民館図書室が設置されているだけのいわゆる図書館未設置自治体も多

い。住民の「読みたい，知りたい」という思いに応えることができず，十分な読書支援や情報提供ができないことが懸念される。

文科省が2019年度から推進しているGIGAスクール構想では，すべての児童・生徒がタブレットやパソコンといったICT端末を活用し，学校のネットワーク環境も整備されたなかで，機器を活用した授業が展開されている。これは，都市部も地方も関係なく教育格差や情報格差も生じにくいが，デジタル技術の発達の影に隠れて，山間村部の図書館の整備がさらに行われなくならないよう注視していく必要があるだろう。

また，近年，都市部から地方に移住，定住するIターンを呼びかける自治体も多くなっていることにも着目したい。都市部から移住した人たちは地域情報の入手のほか，読書や地域の住民との交流，子どもがいる場合は子育て関連の情報の入手などで，図書館を利用することが予想される。幅広い利用が予想でき支援の可能性が広がるが，果たして対応しているだろうか。十分なスペースはなくても，新しい本や充実した地域情報，職員（司書）が充実していれば利用は増え，移住者も増える可能性も秘めている。

（2）誰もが使いやすい図書館

図書館はほかの公共施設と異なり，日頃から乳幼児から高齢者までの不特定多数が来館する場となっている。そのため，新館建設や改築の際はデザイン性や居住性，ユニバーサルデザインを重視するほか，交流の場やラーニングコモンズといった時代の要請にも則したコンセプトを盛り込んで，誰もが使いやすく，居心地のよい空間をつくっていくことがめざされている。

2013年に書店や音楽・映像ソフトのレンタルなどを手がけるCCC（カルチュア・コンビニエンス・クラブ）が図書館の運営に参入して，佐賀県の武雄市立図書館を皮切りに神奈川県海老名市（2014年），宮城県多賀城市（2016年），岡山県高梁市（2017年），山口県周南市・宮崎県延岡市（2018年），和歌山県和歌山市（2019年），香川県丸亀市（2021年），熊本県宇城市（2022年）の各館の指定管理を受託している。いわゆるツタヤ図書館である。武雄市で開館したときには，

図書館とほぼ無関係な業者が参入したことや，会員カードであるＴカードを図書館の利用者カードとして使える（これは，「図書館の自由に関する宣言」の第3「利用者の秘密を守る」に反する）こと，内装を東京にあるツタヤ書店のように改装し，既存の児童コーナーや郷土資料コーナーなどを改変してしまったことなどでもかなり話題になった。一部の自治体ではこれをまちづくり，中心市街地活性化の起爆剤として期待し，各地で毎年のようにツタヤ図書館が開店（開館）している。カフェを思わせる洒落た内装，賑わいや地域活性化が売りで，なかにはコーヒー店や書店なども入っている。多くの来館者が訪れているが，本来の図書館とは異なる商業施設のようでもあり，誰もが気軽に利用できる図書館とはいいがたい。障害のある人や経済的に困窮をしている人，学校帰りに気軽に立ち寄る児童・生徒などには敷居が高くなってしまったのではないかと危惧している。今後のツタヤ図書館の動向には注視し，地域住民に受け入れられ活用されているかの検証も必要になってこよう。

　図書館は地域の実情や来館者の顔や特性をみながら日々活動していかなくてはならない。子どもたちには日々あいさつや笑顔で対応し，学びや読書を支援していくことが求められる。近年はサードプレイス（第三の居場所）として図書館が10代の若者たちの居場所としても注目されている。いっぽう，高齢者にはじっくりと話を聞き，必要とする資料を手渡すことも大切である。そういった日々の利用者との交流が図書館をつくっていく。もちろん，居心地のよさも重要にはなる。しかし，どの地域に行っても同じような館内レイアウトや運営形態では，地域の図書館とはかけ離れた図書館のチェーン店化を引き起こす。図書館はただの集客施設や観光施設ではない。賑わいを創出し雰囲気だけがよければそれでよいというのも間違っている。住民の意見を聴き，その地域の顔となる建築計画，地域の特性を生かした，しっかりとした選書，継続性のある運営，専門職である司書がいて資料や情報を手渡す。そして，なにより住民一人ひとりの学びを支え，将来の人材を育てていくことに主眼をおかなくてはならない。図書館が建てられても，その成果は一朝一夕には出ないことを理解することも大切である。

（3）災害

　2011年3月11日に発生した東日本大震災は最大震度7という大きな揺れに加え，東北から関東地方の太平洋岸への津波，福島原子力発電所事故も発生した。

　東北地方を中心に多くの図書館が被災した。建物へのダメージで開館ができなくなった館や津波の被害に遭った館もある。人的な被害や貸出中の資料の被災も計りしれない。発災から10年以上経過してもその爪痕は大きい。発災直後避難所に本や雑誌を届けたり，読みきかせをしたりするなどの活動や，図書館は被災し入館ができなくなったしまったが近隣の車庫や駐車場での臨時図書館や移動図書館を展開した動きもある。また，避難した人たちを受け入れた自治体でも図書館の利用案内や地元の新聞を取り寄せて提供するなどのサービスも行っている。

　東日本大震災後も大きな地震は頻発しており，図書館の被害も報告されている（日本図書館協会図書館災害対策委員会：https://www.jla.or.jp/committees/tabid/600/Default.aspx/saveMLAK：https：//savemlak.jp/）。

　新型コロナウイルス感染症は収束の兆しをみせておらず，第一波の流行の時期と重なる2020年3〜5月の間，全国のほとんどの図書館が閉館するという異例の事態となった。先が見通せないなかでの臨時休館。どの図書館でも閉館中にリスクを冒さず，どのサービスが行えるか暗中模索の状態が続き，予約の本の受け取りやSNSによる情報発信などが行われている。また，電子書籍の導入が加速したのもコロナの影響が大きい。いっぽうでデジタル環境にない人へのサービスの弱さも浮き彫りになり，デジタル格差の解消も課題となる。ウイズコロナやアフターコロナが模索されるなかで，間引いていた閲覧席の間隔を戻すことや各種行事の再開など図書館のサービスをコロナ前に戻す試みや努力は続いている。資料や最新の情報を提供し比較検討できるのが図書館である。閉館した時点で利用者の知りたい，読みたいという要望に応えることができなくなる。今後，世界的な感染症の流行においても，第一波の際にほとんどの館が閉館したことを反省しながら，資料提供という図書館の使命を果たしていかなくてはならないだろう。

（4）図書館の合築や統合

　都道府県立図書館と県庁所在地にある市立図書館，県庁所在地に2つの図書館があることは，「二重行政ではないか，維持するための費用なども2倍かかるのではないか」など指摘するような声も一部にある。県民全体をサービス対象にし，相互貸借などの協力車の運行，図書館未設置町村への支援や新館建設のアドバイスなどを行う都道府県立図書館に対して，自治体住民をサービス対象にする市立図書館では，その性格や役割が異なることを認識しなければならない。

　一例をあげると，2018年7月高知県で高知県立図書館と高知市民図書館本館の2館が1つの新図書館，オーテピア高知図書館として開館した。オーテピアは科学館や点字図書館を含む複合施設であるが，今まで，県立図書館と市立図書館が同一の建物のなかに入ることは，その機能や性質上で考えられなかった。しかし，これからは各地で施設の老朽化に伴う改築，耐震工事や新築が検討される。都道府県立図書館においても施設の老朽化が著しく，千葉や埼玉では複数あった県立図書館の集約などその方向性を検討している自治体が少なくない。自治体の財政状況の悪化といった背景からも複合施設の建設が多くなることも予想され，オーテピアの運営を注視していくことは重要だろう。

　また人口の少なくなった山間部や過疎地にある図書館では利用減少に加え，自治体財政の悪化も伴い図書館の整理統合も近い将来に現実味を帯びる。徒歩で気軽に利用していたものが，車で30分以上かかって行かなくてはならない日がくるかもしれない。あるいは，電子図書館に置き換わってしまうかもしれない。そのようなことが起こらないよう，「利用する側は図書館を頻繁に使う／図書館側は規模が小さな施設の強みを生かし，利用者に徹底したサービスを提供すること」が大切なのではないだろうか。

　暮らしに身近な図書館がどの地域にも存在し，住民に寄り添いながら活動することが最も大切であり，求められていることである。

第2節　図書館職員の専門性

（1）混沌とする図書館の職員問題

　図書館で働くには，それぞれの自治体が実施する採用試験を受け，公務員として採用されることとなる。あるいは，非正規職員（1年ごとに採用される会計年度任用職員）で採用されるほか，図書館の運営自体を自治体から委託や指定管理として民間の事業者や各種団体が受けている場合は，その会社員やNPO団体の職員となる必要がある。民間の事業者も自治体同様，正規雇用や臨時的な雇用といった形態に分かれている。

　現在，司書資格を取得して働くのは「茨の道」といえる。毎年，多くの司書資格取得者が生まれるにもかかわらず，その受け皿である図書館の採用態勢が整っていないことに加え，自治体の正規の職員に採用されたとしても専門職としての採用はきわめて少ない。一般職員として他部署からのスタートかもしれないし，幸いにして図書館に配属されても，数年で異動などということが多々起こる。採用され図書館で長期間，働くことができる司書がどれだけいるか，そもそも司書採用の枠は非常に少ない。『日本の図書館　統計と名簿2021』によれば，図書館で働く専任職員は9500人（うち，司書・司書補は5000人）。いっぽうで，非正規（非常勤・臨時職員）は1万7700人（うち，司書は9800人）となっている。

　2017年，地方公務員法と地方自治法が改定され，2020年4月から導入された会計年度任用職員は，以前から自治体の業務を担っていた臨時職員などの非正規雇用職員の処遇を改善するために導入された。図書館で働く大部分の人が，この会計年度任用職員であり，女性の比率が多い。会計年度任用職員制度が始まり，その待遇が大幅に改善されたかといえば，ボーナス支給やわずかな昇給などが行われるようになったものの，依然賃金は低く，雇用形態も1年ごとに更新が必要であることなど継続した雇用が約束されていない。とくに賃金の面では正職員と比べかなり低くなっており，自立した生活や余暇活動を行う水準には達していない。制度は整ったとされるが，依然として課題は多く，働く人

の立場に即した制度への見直しを国に求めることも必要だろう。

　また，指定管理者制度や委託の図書館においても運営の継続性に万全の保障があるわけでなく，自治体予算の削減や方針の変更などによっても，その運営は別の会社に変更したり，自治体の運営に戻されることもある。

　自治体での正規雇用（公務員）として司書を採用し，長く勤務ができるような態勢をつくらなければ，専門性が育つことはなく，図書館自体も利用者から無料貸本屋のイメージをもたれ運営に苦慮するだろう。

（2）司書の役割

　図書館は地域の「知の拠点」として位置づけられ，幅広い世代が来館し資料を活用する。そのため，質の高い資料と豊富な蔵書構成が求められる。

　司書は資料や情報に精通しているプロフェッショナルであり，文科省「司書について」では，「司書は都道府県や市町村の公共図書館等で図書館資料の選択，発注及び受け入れから，分類，目録作成，貸出業務，読書案内などを行う専門的職員です」と述べられている。

　図書館に司書がおかれなければ本来なら図書館とはいえないが，司書有資格者のいない公立図書館も存在する。また，司書という資格はもっていても，自治体によっては司書として任用，発令をしない例もある。つまり，他部署への異動の可能性もあり，数年でまったく担当業務が変わってしまう事態もある。これでは，専門性は維持できない。このため，図書館司書や住民，図書館研究者で組織される図書館問題研究会では，2022年7月にアピール「図書館法を改正して公立図書館に司書の必置を求めます」を出した。これは，公立図書館に司書の必置を求め専門性の確保や司書資格をもつ館長の重要性などを背景に図書館法の改正を求めるものとなっている。

　司書の役割で最も重要なことは，まず，図書館資料の選択，つまり選書をあげることができる。選書はその図書館の棚の充実や特色に反映していく，利用者の「読みたい，知りたい」という声に応えた選書をすることは当然だが，地域の課題や個人がかかえる課題を解決するための多様な資料のほかにも広く世

界を知り，多様な分野が網羅されている資料の収集にも力を入れなければならない。使いやすい資料や図書館でしか読むことができない高価な資料や専門書を揃えることにより，図書館の存在感は一気に増し利用者からの信頼度も向上する。しかし，選書は一朝一夕にできるものではない。

　では，選書の力を磨くにはどのようにすればよいだろう。限られた資料費を有効に使うために，司書は新聞や雑誌，各種論文に目を通し，常に学び続けることが必要である。今，世界で何が起こっているのか，地域で課題になっていることはなにかを鋭敏に捉えること，さまざまなことに興味，関心，問題意識や好奇心をもっていることも重要である。一部にカタログのような形の選書のツールもあるが，それだけでは図書館の棚を充実することはむずかしい。地域社会への理解や利用者との円滑なコミュニケーションを意識しながら，自身が働く図書館にどのような資料が必要かを考えることも大切である。

　ついで，資料を活用し利用者の調査，研究の手助けをするレファレンスサービスも重要な仕事の1つである。館内の資料を駆使して利用者の求めるものを探し，ときには他館の協力も得つつ手助けをしていく。これに関しても資料の充実は欠かすことができない。また，利用者との会話から必要な資料や足りない資料を探し出し，補足することも重要だろう。

　さらに，図書館にはあらゆる世代が来館することをふまえ，利用者とのコミュニケーションが大切になる。会話のなかから蔵書の充実につながるヒントやレファレンスが引き出されることもある。また，円滑なコミュニケーションを図ることによって，クレームを軽減することもできる。司書をめざす人たちは皆「本や読書が好き」や「学校司書の仕事に憧れた」などを志望理由にあげるが，本を相手にすることだけでなく，人を相手にすることを忘れてはならない。

（3）学ぶこと

　司書の役割は利用者に資料を提供すること，それは自身が学ぶことでもある。利用者の多くが，さまざまなジャンルの質問や資料要求をぶつけてくる。利用者の要望に沿った適切な資料を図書館の蔵書のなかから提供することは基本だ

が，それ以外にもインターネットでの文献の探索や各種情報の収集といったデジタルの知識を駆使した情報収集も必要となる。利用者が何を求め，何を言っているのかをまず理解することが大切で，ついで，資料に関する知識が必要となる。コミュニケーション能力やインタビューの技術だけでなく，自身のもつ知識も求められる。それには，日々，学ぶことはもちろん大切なことだが，自身の好奇心を刺激し，あらゆるところに楽しみを見いだし，多様な趣味をもつことも必要である。旅に出て見聞を広めること，地域の行事に参加することも，一見無駄なことのようだが，司書の人間性を拡げ，選書する能力やコミュニケーション能力を強化させていく。

　また，地域でつくられた資料を集め保存することも求められる（ここではそれらの資料を総称して郷土資料と呼ぶこととする）。そしてこのときの資料は，本に限らず写真やチラシ，パンフレット，地図，レコードやカセットテープなど多岐にわたる。資料館がなく学芸員もいない自治体なら，古文書や古い道具，民具なども収集の対象になるかもしれない。

　かつては，どの地域にも地域の歴史や民俗を調べ，伝える郷土史家がいた。しかし現在，地域の人口減少に伴う高齢化や少子化によって郷土史家はいなくなり，地域からは人が流出する事態になってしまっている。人がいなくなれば，地域の歴史は失われる。

　そして，郷土資料を整理，保存するためにできることは何かを考えることが必要になる。建物が朽ち果てる前や解体される前に資料を救い出す手立てを考えることに加え，活用し周知することも大切な仕事である。もし，地域に郷土史家がいて活動をしているようなら，地域のことを聞き取り，後世のために記録に残しておくことも大切だろう。

　司書は郷土資料の収集や地域の人たちと良好なコミュニケーションをとることを通して地域の歴史を知り，資料を収集していくことが求められている。

第3節　図書館に求められる支援

（1）児童・生徒

　来館する子どもの「わからない？」を「わかった，理解できた！」に変える役割を公共図書館は担っている。蔵書を活用し，子どもが学校や身近な場所で抱いた疑問や，好奇心に応える場である。子どもはこちらが想像しないような疑問や課題をもってくる。そのために児童書は常に更新され，新しい情報が記載された資料が揃い，複数の資料や情報が比較検討できるような構成が求められる。司書はそれらを常に心がけ，選書や棚づくり，コーナーづくり，学校で今何を学んでいるかなどもふまえながら，児童コーナーや蔵書の充実を図り，児童サービスの充実に努めていかなければならない。また，学校図書館の蔵書やGIGAスクール構想によるデジタルコンテンツなどさまざまなツールが子どもをとりまいているが，子どもの発達段階や特性，本を使って回答を導き出す効果をふまえると同時に，多くの蔵書を有する公共図書館の資料が最大限に利活用されることが望ましく，学校や学校図書館との連携も忘れてはならない。

　ほかに重要なことは司書の力量だろう。子どもと資料を結びつけることは非常に重要だが，子どもの目線に立ち，年齢や発達の度合いに応じて資料を提供する。そのため子どもをよく観察しなければならないし，話しやすい雰囲気をつくることやコミュニケーション技術の習得も必要になる。話をよく聞き，否定をせず，認めることで子どもは距離を縮めてくれる。そうなれば学習支援だけでなく，子どもから悩みを打ち明けられたり，相談を受けることもあるかもしれない。なかには，学校に行くことができないが図書館なら行けるという子もいる。どんな子でも受け入れていくことは，図書館にとって重要なことであり，子どもの将来にも影響を及ぼしていくはずである。子どもの利用を支えることは司書の大切な仕事といえる。

　幼児期から小学生までは図書館は身近な存在としてよく利用されるが，中学，高校になると部活や学習が忙しく，図書館利用が低迷するのはどの館でも同じである。賑わうのはテスト期間や夏休みだけという状況も一緒であろう。

各館，ティーンズサービスやYA（ヤング・アダルト）サービスと名づけた中高生向きのサービスを実施している。

　学習支援はもちろんだが，思春期の若者の悩みや課題を解決するような本や情報の提供が必要である。地元の高校案内や受験情報，参考書や問題集の収集，あるいはファッションや恋愛，多様な趣味に応えるための本など，若い世代の背中を押すことのできる資料の提供が求められる。それらはすでに実践している図書館も多い。たくさんのものを用意していても，肝心の中高生の来館が少ないことが課題であり，各館知恵を絞りながらサービスを続けている。司書は，中高生に学習スペースだけでない図書館の魅力を語る必要もあるだろう。

（2）自殺予防を例に

　鎌倉市立図書館が2015年，夏休みが明ける少し前にツイッター上で「…9月から学校へ行くくらいなら死んじゃおうと思ったら，逃げ場所に図書館も思い出してね」と発信。図書館が学校に行けない子ども，とくに死を考えている子どもに向けSNSでメッセージを発信したことに，多くの「いいね」が付き，マスコミにも取り上げられ大きな話題となった。図書館や司書がとくに何かをするということではなく，今までの図書館の役割を紹介したものではあったが，子どもたちへは一時の避難場所として，役所や地域には自殺予防やその啓発に役立つことをPRしたものとなった。

　厚生労働省が発表した『令和3年度版自殺対策白書』には下記のようにあり，新型コロナウイルス感染症の拡大が家庭や学校生活の変化に影響したことも要因と考えられている。

> 　我が国における若い世代の自殺は深刻な状況にあり，15～39歳の各年代の死因の第1位は自殺となっている。こうした状況は国際的にみても深刻であり，若い世代で死因の第1位が自殺となっているのは，先進国（G7）では日本のみとなっている。

　福島県白河市立図書館で2020年から開催されている「推し本コンテスト」は，小中学生が読んだ本のなかから「勇気をもらった本や，本の中の元気になった

セリフ，言葉」をあげてもらい，ブックリストやPRチラシで紹介している。また，福岡県久留米市では臨床心理士などのカウンセラーが対応する相談窓口を市内の身近な場所に設置しているが，久留米市立図書館にも2018年から窓口である「こころの相談カフェ」が設置された。あるいは，トイレに「自殺予防カード」を置いている館もある。図書館が不特定多数の住民からの利用があり，さまざまな事情をかかえる人たちが来館することをふまえてのことだ。

（3）高齢者

　新聞や雑誌を利用するほとんどが高齢者というのが日中の図書館の光景であり，図書館は高齢者にとって自宅以外の居場所であるともいえる。視力や体力の低下などが原因で読むことが困難な利用者には大活字本や朗読のCDなどの提供をはじめ，車椅子の設置や施設のバリアフリー化などで高齢者が使いやすく，情報にアクセスしやすいようにさまざまな工夫をし，一定の利用を得てきた。また，図書館まで足を運ぶことが困難な高齢者には，移動図書館車の運行や高齢者サロンに配本すること，自宅への郵送のサービスなどを行っている館もある。入院する高齢者へ本を届けることも行う館もあるが，新型コロナウイルス感染症の拡大を受け，病院内への立ち入りや物品を届けることに規制がかかり，貸出することがむずかしくなっている。

　高齢者へのサービスは，コロナ禍においてもフロアでの一対一のコミュニケーションが好まれる。図書館や資料に関することだけでなく，軽いおしゃべりや世間話など図書館とは無関係なことにも発展し，職員が辛抱強く対応している光景もよく見かける。コミュニケーションをとりながらよりよいサービスを行い，資料提供に結びつけることが大切である。

　いっぽうで，高齢者からの理不尽なクレームや，マナー違反を注意しても聞く耳をもたない，急に怒り出すという事態が発生していることも理解しておくこと必要だろう。そして，高齢者の利用はさらに増加していくと考えられるが，わずかではあるが認知症の人とのトラブルもみられるようになった。たとえば，「失禁をしてしまい，椅子を汚す／借りている本を返さない（忘れている）が，

返した，借りていないなどを繰り返す／本が必ず汚れた状態で返却される／家族から（汚す，返し忘れるので）貸さないでもらいたい／（迷惑をかけるので）図書館に行かないよう出入り禁止にしてほしい旨の申し出がある」などの事例がある。いずれも本人に伝えても解決することがむずかしく，家族に相談しても，出入り禁止にしてほしいと本人の気持ちが尊重されないこともある。一人暮らしや老老介護のケースも多く，その解決には困難が伴う。

　これからさらに，認知症患者の利用は増加していくと思われ，予期しないトラブルが起こる可能性もある。図書館は誰でも利用できる施設であり，認知症だからといって利用を制限したりすることもない。しかし，資料の汚破損や不明本の増加は食い止めなくてはならない。関連機関との連携や相談，認知症サポータ養成講座の受講といった職員の研修を通して認知症への理解を進めることも必要になる。

（4）困窮する社会の光として

　図書館は世代を超え，多くの人が来館する。それぞれがもつ課題や悩みを解決するために資料を探すほか，読書や学習のためだけでなく，現実をしばし忘れる避難所としても機能している。ときに，その人の暮らしや人生が垣間見えてしまうこともある。社会問題がみえないようでいて案外，しっかりとみえてしまう場所なのだ。とくにコロナ禍で物価の上昇や経済の低迷，欧州での戦争などの影響で心身面や生活面で困窮を極めている人も多い。自身の問題に対して解決の糸口を探すため来館する人も少なからずいると推測される。ただ，本を並べ，貸すだけではなく，0から9までの分類のなかで最新の資料を選書し，そこに収めた1冊1冊を理解し，求める人にきちんと渡るようにすることが図書館と司書が果たさなければならない役割として捉える必要がある。図書館も資料費の削減や指定管理制度の導入，専門職である司書の非正規化といった課題は山積しているが，たとえ疫病が流行しても戦争が起きても活動を止めることなく資料，情報を提供しつづけなければならない。

　また，利用者には最新の資料と情報を提供することはもちろんだが，関連機

関を紹介することや，司書自身が多方面の人たちと交流し支援につなげていくことも重要な役割として捉えていく必要がある。図書館のなかだけで解決しようとせず，役所の職員や関連機関の専門家の知恵を借りて，各種の支援を展開することも考えなくてならない。学びを支援することは旧来からいわれつづけ，図書館の役割として認知されてきたが，生活や福祉といった面での人の支援もクローズアップされている。

　これからも社会は不安定なまま，さまざまな困難に直面して多くの人が傷つくこともあるだろうが，図書館はその傷を少しでも癒やし，人が前を向いて歩んでいくための手伝いをしていかなくてはならない。

参考文献
植松貞夫・冨江伸治ほか（2010）『よい図書館施設をつくる』日本図書館協会
漆原宏（2013）『ぼくは図書館がすき』日本図書館協会
大串夏身（2019）『レファレンスと図書館』皓星社
大橋崇行（2018）『司書のお仕事』勉誠出版
金高謙三（2013）『疎開した四〇万冊の図書』幻戯書房
竹内悊（2019）『生きるための図書館——一人ひとりのために』岩波書店
図書館問題研究会（2019）『住民の権利としての図書館を』図書館問題研究会
　　——（2021-2022）『みんなの図書館』2021.6，2022.2・7-10教育史料出版会
日本図書館協会「東日本大震災　あの時の図書館員たち」編集委員会（2020）『東日本大震災　あの時の図書館員たち』日本図書館協会
　　——障害者サービス委員会編（2021）『図書館利用に障害のある人々へのサービス』〈上・下〉日本図書館協会
　　——図書館の自由委員会編（2022）『「図書館の自由に関する宣言1979年改訂」解説』日本図書館協会
蛭田廣一（2021）『地域資料サービスの展開』日本図書館協会
松岡要編（2021）『出版ニュースにみる図書館問題』社会教育研究全国集会図書館分科会

第 8 章　博物館は市民の学びにどうかかわるのか ─ 博物館

第1節　博物館とは

（1）博物館はいくつあるか

　日本にはどれだけの博物館があるのだろうか。国の基幹統計として3年に一度行われる社会教育調査[1]（2021年）によれば，国内の博物館の総数は5571館である[2]。同調査による博物館の館種の分類は，総合博物館・科学博物館・歴史博物館・美術博物館・野外博物館・動物園・植物園・動植物園・水族館であり，ミュージアム・館・園など個々の名称にかかわらず，これらすべてが博物館である。ここで「総合」とは自然系と人文系の両方の資料を扱う館をさす。

　博物館の設置主体もさまざまで，同調査では，国，独立行政法人，都道府県，市（区）町村，組合，地方独立行政法人，一般社団法人・一般財団法人・公益社団法人・公益財団法人，その他に分類している。その他には株式会社など企業も含まれる。以上のことから，日本全国にはさまざまな設置主体によってさまざまな館種の数多くの博物館があることがわかる。

（2）博物館法

　博物館に関する個別の法律として日本には博物館法（1951年）があり，博物館の設置と運営について必要な事項を定めている[3]。

　第二次世界大戦後の社会づくりの基礎として日本国憲法（1946年）がつくられた。憲法に基づいて教育関係の法律が教育基本法（1947年），社会教育法（1949年），図書館法（1950年）と次々につくられていき，1951年に成立したのが博物館法である。以来，博物館法の根幹部分は，ほとんど手つかずのまま70年余りが経過していた。このほど，博物館法の一部が2022年4月に改正された[4]。改

正法の施行は2023年4月1日で，執筆の段階では関連の政令・規則・告示など
は示されておらず，今回の改正の詳細を把握できていないことをあらかじめお
断りしておく。とくに断らないかぎり，条文については改正法を参照する。

博物館法の第1条では，法の目的を社会教育法（1949年）と文化芸術基本法
（2001）の精神に基づいて「博物館の設置及び運営に関して必要な事項を定め，
その健全な発達を図り，もつて国民の教育，学術及び文化の発展に寄与するこ
と」としている。2022年改正で，冒頭部分に，制定以来70年ぶりに記述が加わ
り，社会教育法に加えて文化芸術基本法の精神に基づくと規定された。

第3条は博物館の事業について定めており，従来からの資料の収集・整理保
存・調査研究・展示・教育普及などに加えて，今回の改正で新たに，いわゆる
デジタルアーカイブを作成・公開することが明記された。また，他博物館との
連携・協力について，事業の列記とは別に努力義務[5]として項立てされ，さら
に博物館が所在する地域の教育，学術及び文化の振興，「文化観光」によって
「地域の活力の向上に寄与する」ことが努力義務として加わった。

（3）博物館の登録

博物館法の大きな役割の1つが博物館を「登録」する規定である。ここで「登
録」とは，都道府県教育委員会に博物館として文字どおり登録することを意味
する。改正法では，指定都市内の教育委員会が当該市内の博物館（都道府県立
館を除く）の登録などを担うことになった。

博物館登録の要件となる法人の種類を問わなくなったことは今回の大きな改
正点である。これにより，民間企業を含むあらゆる種別の法人による博物館も
登録できることになった。ただし，法人に経済的基礎があり，運営を担う役員
が必要な知識・経験をもち，運営を担う役員に社会的信望があることも規定さ
れている。

登録のための審査は従来，博物館資料があること，学芸員など職員がいるこ
と，建物・土地があること，年間150日以上開館することの4項目で行った。
改正法では，博物館活動を行う体制・職員の配置・施設・設備がその基準に適

合すること，および年間で150日以上開館すること条件に加えて，文部科学省令で定める基準を「参酌」して，審査を行う都道府県および指定都市の教育委員会がそれぞれ基準を定めることになっている。さらに，登録した教育委員会に定期的な報告を行う義務が改正法で新たに加わった。

（4）博物館に相当する施設

　博物館法は登録博物館に準じて博物館に相当する施設を規定しており，旧法では「（博物館）相当施設」と呼ばれていたが，改正法では「（博物館）指定施設」と呼ぶ。指定する基準は，政令（博物館法施行規則）が定めることになっている。現行規則（最終改正は2019年）は旧法に対応しているもので，博物館の事業を達成するために必要な資料・施設設備・学芸員に相当する職員が備わっていることと，年間100日以上の開館を求めている。2023年4月までに改正法に対応して施行規則が改正される見込みなのでそれを参照されたい。

　冒頭で紹介した社会教育調査（2021年）によると，調査対象の全博物館5571館のうち，登録博物館は911館，博物館に相当する施設は395館である。登録・相当以外の4465館は「博物館類似施設」[6]と呼ばれる。博物館類似施設に関して博物館法には規定が一切ないため，博物館法から直接には何の義務も科されず，逆に直接には何の恩恵を受けることもない。

　博物館法が規定する「登録博物館」と「博物館に相当する施設」の合計が全博物館に占める割合は4分の1に満たない。このことについては博物館法の問題・課題として繰り返し議論されてきた。登録が増えない理由の1つとして「登録」ないし「相当する施設」に指定されることの益の少なさがしばしばあげられる。改正法の運用ではこの部分に期待が寄せられている。

（5）博物館の設置と運営に関する基準

　博物館法第8条に基づき，文部科学省は2011年12月に「博物館の設置及び運営に関する望ましい基準」[7]を告示として発出している。都道府県教育委員会などに宛てられた文書には「本基準は，博物館の登録に当たって審査すべき要

件とは別に，望ましい博物館の姿として博物館が目指すことが適当と考えられる，より水準の高い内容を示したものである」と記されている。2022年改正を受けてこの基準がどのように改正されるか，注目したい。

（6）指定管理者制度

自治体が設置する公立博物館の運営は，自治体が直接に管理・運営するほか，自治体の関係団体等に管理委託することで行われてきた。ところが2003年6月の地方自治法改正，同9月の施行によって，地方自治体で運営・管理する公の施設への指定管理者制度[8]の導入が始まった。

前述の社会教育調査（2021年）によれば，指定管理者制度を導入している博物館の割合は博物館類似施設を含む全博物館5771館中22.8％である。内訳は，登録博物館・博物館相当施設1306館中16.4％，博物館類似施設4465館中24.6％となっている。別の文部科学省資料などによると，類似施設を含む全博物館のうち指定管理者制度を導入している割合は，2003年の制度導入から8年後の2011年度で23％だった。公共施設の建設・設置・管理への民間セクターの導入にはPFIなど別の手法もあるので一概にはいえないが，公立博物館の大部分は自治体が直接運営しているのが現況である。

（7）独立行政法人による博物館[9]

国立博物館4館（東京・京都・奈良・九州），国立美術館4館（東京国立近代美術館・京都国立近代美術館・国立国際美術館・国立新美術館），国立民族学博物館，国立歴史民俗博物館，国立科学博物館など，国立の館として広く知られている博物館は，いずれも根拠法があり，それぞれの独立行政法人が設置・運営していて，博物館法の適用を受けていない。適用外であるのは，国立大学に付属する博物館も同様である。国立の博物館を含めたすべての博物館に適用できるような法律が望まれ，これまでも博物館法改正に向けての動きのなかで繰り返し議論されてきたが，2022年改正でもこの点はほとんど変更されなかった。

国にならって自治体には地方独立行政法人の制度があり，2013年10月には博

物館を取り扱えることになった。それを受けて2019年4月には地方独立行政法人大阪市博物館機構が設立された。2022年改正法ではこのことに対応して，地方自治体立の博物館と同様に，地方独立行政法人による博物館を含めて規定している。

（8）日本の博物館をめぐる法制度は複雑

これまでみてきたように，日本の博物館法は，そもそも国立博物館を対象としていないうえ，博物館法による登録館と博物館に相当する施設に指定されている館は全「博物館」の4分の1にすぎないなど課題は多い。それでもやはり，日本社会に博物館という社会装置を位置づける根拠となる法律である。

文化芸術基本法など，条文のなかで，またその実施計画であるところの「基本計画」などで博物館の役割を具体的に記述するものがある。これまでふれてきたもの以外にも，文化財保護法，史跡名勝天然記念物法をはじめ博物館に直接・間接に関係する法令は数多い。毎年更新される「博物館に関する基礎資料」[10]を必要に応じて参照してほしい。

（9）博物館をめぐる国際的な議論

博物館は世界中にあるものであり，人・物資や情報の動きがグローバル化している現代，博物館をめぐる国際的な議論にも注目する必要がある。

国連教育科学文化機関（ユネスコ）は教育や科学，文化などを取り扱う国連機関である。ユネスコ総会はこれまでに1960年と2015年の2度，加盟国に対して博物館に関する勧告を採択した。このうち直近の2015年博物館勧告[11]は，国連の持続可能な開発目標（SDGs）と同年に採択されており，問題意識を共有しているようにみえる。

あらゆる館種の博物館による，世界で最大の国際NGOが，国際博物館会議（ICOM）[12]である。日本にはその国内組織としてICOM日本委員会がある。世界には博物館の国内法をもたない国も多くあり，ICOMの規約内の博物館の定義は専門家による規定として重視・尊重される。その博物館の定義が15年ぶり

に，2022年 8 月に改定された。ICOM 規約内の博物館の定義（2022年改定）は，以下のとおりである。

> 博物館は，有形及び無形の遺産を研究，収集，保存，解釈，展示する，社会のための非営利の常設機関である。博物館は一般に公開され，誰もが利用でき，包摂的であって，多様性と持続可能性を育む。倫理的かつ専門性をもってコミュニケーションを図り，コミュニティの参加とともに博物館は活動し，教育，愉しみ，省察と知識共有のための様々な経験を提供する。　　　　　（ICOM 日本委員会訳）

この定義は，社会包摂性，持続可能性，多様性，コミュニティの参加などの点で，持続可能な開発目標（SDGs）およびユネスコ総会の2015年博物館勧告などをふまえているようにみえる。

第 2 節　博物館の現況と活動

（ 1 ）博物館の現況を知る

本節では，日本の博物館の現況を把握するために公益財団法人日本博物館協会が2019年度に調査した「博物館総合調査」を参照する。これは前節で引用した国の社会教育調査（2021年）とは調査対象がやや異なり，同協会のデータベースに登載されている4178館園が対象で，調査の回収（回答）率は55.4％だった。以下，とくに断らないかぎり，設置主体や登録の種別，規模は問わず，同協会のデータベース登載の館園全体のなかの割合として記述していく。

博物館総合調査（2019年）によれば，種別でみると全体の 5 割近くが歴史，2 割が美術，1 割が郷土で，これらの合計が全体の 8 割を占めている。また設置者でみると公立館が全体の 7 割を超えている。敷地面積の中央値[13]は約4000㎡，延床面積の中央値は1337㎡なので，比較的小規模な館が多数を占めることがわかる。

（ 2 ）学芸員

博物館の職員についてみていこう。博物館法は第 4 条で館長と学芸員について定めており，第 1 項で博物館に「館長を置く」，第 2 項で「館長は，館務を

掌理し，所属職員を監督して，博物館の任務の達成に努める」とし，さらに第3項で「博物館に，専門的職員として学芸員を置く」，第4項で「学芸員は，博物館資料の収集，保管，展示及び調査研究その他これと関連する事業についての専門的事項をつかさどる」としている。

　ところが，前述の博物館総合調査（2019年）によれば「常勤の館長がいる館は約6割」「常勤職員数の中央値は3人」，さらに「学芸員資格を持った常勤職員がいない館が3分の1超」とのことで，これが現代日本の博物館の現況である。博物館ではチケット販売や出納・予算執行・職員管理など総務的な仕事が必然的にあり，専門職員としての学芸員をおけない館が少なくない。また複数の博物館を1人の学芸員が兼務して勤務することもあるという。

（3）学芸員資格

　博物館の登録と並んで博物館法の大きな柱の1つが，学芸員制度である。学芸員資格については博物館法第5条が規定しており，取得するためには大学・短期大学の博物館学芸員課程の単位を修得するのが一般的である。2022年には全国292大学で開講されている[14]。これらの課程を修了して卒業時に資格を取得できる人数は毎年1万人弱だが，そのうち博物館に就職する割合は1％ほどである[15]。このほか，文部科学省が毎年，試験認定と審査認定で「資格認定」しており[16]，2021年は試験・審査併せて100名ほどが合格している。

　なお，現に博物館に勤務している学芸員有資格者数は，国の2021年社会教育調査（注1参照）によれば，登録博物館および博物館相当施設に5357名，博物館類似施設に3684名で，合計9041名である。

　大学等の学芸員養成課程では毎年，1万人弱の有資格者を送り出しているが，現に博物館に就職できる学生はわずかにすぎないことは，学芸員制度にかかわる大きな課題の1つとして繰り返し指摘される[17]。

　自治体などそれぞれの組織において，学芸員という職名があって発令を受ける場合もあるが，そもそも組織に学芸員という職名がなく，代わって研究員などと呼ばれる場合もある。「学芸員」といっても，職種，国家資格，職名とさ

す範囲はさまざまなので議論の際には注意したい。

　国立や都道府県立，指定都市立の中～大規模の博物館では学芸員間で専門分野・業務について分担・分業ないし専門化が可能である。いっぽう，前述のように，現代日本の小規模な博物館の多くは少数の職員数で運営されるため，1人ないし少数の学芸員は，所属の博物館が取り扱うあらゆる地域・専門分野・業務を取り扱うことになる。これらまったく状況の異なる学芸員について一律に論じることは不可能であり，ひいては，日本の学芸員制度やそのあり方を考える際のむずかしさにつながっている。

（4）博物館の活動／学芸員の仕事

　ここから，博物館の具体的な活動をみていきたい。博物館の活動は多彩で，専門職員である学芸員の仕事はきわめて多岐にわたる。

① 資料の収集と整理保存・保管

　博物館は伝統的に資料や標本を取り扱ってきており，それを博物館の任務の第一義と考える人も少なくない。何度も繰り返すように，博物館が取り扱う対象とする資料はきわめて多様である。人文・歴史系では，石器，土器，古文書はもちろん，木簡，衣服，家具，道具，建築物やその遺構など，武器，民具・農具，祭祀にまつわる物品など，自然系では，岩石，鉱物，化石，菌類，植物，動物など個別にあげていけば切りがないくらいの種別がある。それぞれの資料とその状態ごとに，資料としての取り扱いと保存上の留意点が異なる。大学の博物館学芸員課程でそれらをすべて取り扱うことができるはずはなく，大学・大学院の専門課程で，あるいは着任後に実地で学ぶことになる。しかし小規模館では実地に学ぶ機会や時間の確保がむずかしい。

　文字どおりの台帳とともに現在では，デジタルデータとして登録し，データベースを作成・維持することも行われる。資料をデジタルアーカイブとして公開するためには画像も撮影する必要がある。

　ところで，図書館では利用頻度の低い資料を処分することがあるが，博物館では，いったん収蔵・登録した資料は原則として廃棄されない[18]。たとえば自

然史博物館の生物資料では，種類が同じであっても，地域・季節・環境によって形態が異なることがあり，1種類について標本が1個ずつあればよいということにはならない。そもそも，採集時には正確な同定（種類を確定すること）はできない分類群が少なくない。資料・標本は，すぐに使うとは限らず，将来の研究の素材になるので，大切に保存され，必要に応じて取り出せるように整理しておかねばならない。

② 調査・研究

博物館は既存の知見・知識をわかりやすく伝えるだけの施設ではない。生き生きとした博物館活動のためには，学芸員／研究員による調査・研究活動が必須である。学芸員／研究員は所蔵する資料などを活かして独自の調査研究活動を行い，新たな知見・発見が見つかればそれを論文などの形で発表する。最近は，大学・別の博物館など，複数の研究機関に所属する研究者同士の連携で成果が挙がることもしばしばある。

学芸員／研究員による研究はもちろんだが，博物館は市民の近くに位置するので市民にとっての研究の入口になりうる。児童・生徒らによる夏休みなど「自由研究」の支援は，多くの博物館で幅広く行われている。その延長上に一般市民による博物館を活かした研究が想定できる。

博物館のなかには「市民研究員」などの名称で有志の市民を受け入れ，学芸員／研究員が支援して市民による研究活動を促す例がある。市民が希望するテーマがその博物館の活動とうまく重なれば，研究員の指導やさらなる外部研究機関との連携，書籍や文献資料・調査機器の利用などが期待できる。

③ 展示

博物館における展示は一般に常設展示と企画展示に分けられる。常設展示は文字どおりに常設として数年以上に渡って展示されるが，展示ケースなどはそのままで，資料を部分的に差し替えるようなこともある。企画展示のスペースが用意されている館では，期間を定めてテーマごとに，展示ケースやパネルの配置，動線なども自由に変えて，自館資料に加えて他館から資料を借用するなどして企画展示を開催できる。テーマの検討，資料の選定から開催まで準備に

は相当の時間と人手が必要である。

　入場料金の設定の仕方は博物館ごとに異なるが，企画展示の料金に常設展示分が含まれることが多い。企画展示で集客できた来館者を常設展示にどのように誘導できるか，あるいは再度の来館を促せるか，工夫が求められる。

　美術館などでは，保存上の配慮で展示作品を「常設」することは避けるため，季節ごとに展示作品を入れ替えることが行われる。自館の所蔵作品を独自の視点で編集して展示するもので「コレクション展」などと呼ばれる。世界・国内の情勢を敏感に反映させることで，博物館と社会とのかかわりをアピールできることもある。

　そもそも「展示はその博物館が提供できる世界への小さな窓」（林浩二，2014）とみることができる。それゆえ，個別の展示資料と解説やそのストーリーで完結することなく，来館者自身の興味関心を広げることを期待したい。資料の選定・配列や解説文の表現には，そのための配慮が必要である。

④ 教育普及

　学校における伝統的な教育と比べて，博物館など社会教育施設における教育の最も大きな違いは何よりも，学習者の年齢・階層が幅広く，学ぶ内容・方法・速度を学習者自身が選ぶことができることにある。

　同じ地域で複数の博物館にまたがって組み合わせることも，地域をまたいで旅行先の博物館の行事に参加するというようなことも可能である。さらには市民が博物館でだけ学ぶわけではないことも当然で，読書，テレビやさまざまなメディアの視聴や対話，友人や家族との会話などでも知見を得て視野を広げることができる。

　博物館の教育普及活動では，学習者が発展・成長していく段階を考えておきたい。たとえば，ある市民が入門的講座に参加して興味をもてたら，もしあるなら中・上級の講座へと進み，あるいは自主的なサークルに加入して日常的に活動を行うような道筋が考えられ，さらには入門講座などでの指導の補助も期待できる。学んだことを活かして次のステップに進むことは，社会教育／生涯学習施設ならではの学びといえる。

ここまで博物館の多様な活動・事業を垣間みてきた。布谷知夫（2005，203頁）は，「博物館のもっとも博物館らしいところ」は，これら活動・事業がバラバラにではなく「総合的に行」われることだとしている。重要な指摘である。

第3節　市民の学び／参加を支える博物館に向けて

（1）オンラインコンテンツの充実

　新型コロナウイルス感染症について世界保健機構（WHO）は2020年3月にパンデミック（世界的大流行）と表明し，同年2月ないし3月以降，ほかの公共施設と同様，国内外の博物館の多くは臨時休館となった。

　博物館職員の一部がツイッターに「＃エア博物館」などのハッシュタグを付けたツイートを発信して来館者を迎えられない事態に対応しようとした[19]。同年3月には北海道博物館が「おうちミュージアム」という名称と親しみやすいアイコンを発表し，各館に利用を呼びかけた。その結果，全国の博物館が参加して200館を超える大きなコミュニティになり，臨時休館が終了したあとも継続して情報発信する館がたくさんある[20]。

　病気や物理的な制約などのため，博物館を実際に訪れることができない人にとっては，このようなオンラインコンテンツの発信は歓迎していただけるだろう。逆にいって，博物館はこれまでそのような人に対してのサービスをおろそかにしてきたことは否めない。

　2022年改正法で，デジタルアーカイブの製作・公開が博物館の事業として列挙された。距離や時間の制限なく利用できるオンラインのコンテンツが充実すれば，何かを調べようとする市民の助けとなるに違いない。

（2）「市民と共有できるテーマ」選び

　浜口哲一（1996）は，博物館の活動に取り上げるテーマとして，「市民と共有できるテーマを」と呼びかけ，「セミの抜け殻調べ」を例に「博物館の調査研究，資料収集，普及，展示など様々な機能が…有機的に結びつきながら一体のものとして展開されていくことができる」ことを説明した。

「市民と共有できるテーマ」を軸にすることによって，市民の参加・参画で「地域に根ざした博物館活動」が期待できる。

（3）友の会やサークル，ボランティア

博物館を繰り返し利用・活用しようとする人のために，博物館には「友の会」やテーマを絞った「サークル」ができることがある。これらに参加することで，メンバーは学芸員とのかかわりを含め，博物館のさまざまな資源を存分に活用することができ，活動の成果が博物館に貢献をもたらすこともある。

博物館のボランティアは，当該館の使命・目的に賛同して自主的・無償ベースで活動するもので，事前に研修があれば，その内容についてしっかり学ぶ機会となり，活動するなかで自ら気づくこと，学ぶことも多い。多くの博物館がこれらの制度を上手に活用することが期待される[21]。

（4）対話の場としての博物館

「博物館は神殿か，それともフォーラムか」は，およそ半世紀前にダンカン・キャメロンが提起した問いである。博物館が，「歴史」となって評価が定まったもの（だけ）を展示するところではないと考えれば，博物館は当然にフォーラム：対話の場となりうることがわかる。

横山佐紀（2020，4章）は，博物館の展示や活動をめぐるいくつもの対立の歴史をみたうえで，博物館が対話の場を提供することで，社会に役に立ちうることを主張している。戦争など歴史，男女の性差やLGBTQ，移民や少数民族など，意見が対立するテーマをどのように取り扱うか，実際の運営はなかなかむずかしいだろうが，博物館による展示で終わらずに，来館者それぞれの意思表示ができる「参加の余地」を確保することが解決の糸口になるかもしれない。

新型コロナの影響で世界中の博物館が困難に直面しているなか，読者のみなさんには，近くに応援できそうな館があればぜひ協力・活用してほしい。それがあなた自身と将来世代の社会教育／生涯学習の支えとなるはずだ。

注

1）「社会教育調査」の調査方法・結果は文部科学省ウェブサイトで公開されている。https://www.mext.go.jp/b_menu/toukei/chousa02/shakai/index.htm。

2）広義の博物館について一定の合意はなく，調査ごとに範囲は変わる。たとえば博物館に関するシンクタンクの丹青研究所「Museum Data」2021では，博物館の総数を8000以上としている。

3）「博物館法」https://elaws.e-gov.go.jp/document?lawid=326AC1000000285。

4）2008年には，社会教育法・図書館法・博物館法のそれぞれ一部が一括で改正された。2022年4月には，博物館法だけが単独で一部改正された。社会教育施設をめぐる法令の動向として，このところ，博物館に限って変化が起きつつあるとみえる。

5）そのようにすることが望ましいが，（この場合ではすべての博物館に）義務づけることが不適切・困難な場合に，法律で「〜するよう努めるものとする」などと規定される事項を努力義務と呼ぶ。

6）博物館類似施設を規定する法令はない。国の社会教育調査の対象として「博物館と同種の事業を行い，博物館相当施設と同等以上の規模の施設」という記述があることから，現行としては，昭和46年文社第22号による文部省社会教育局長の通知「博物館に相当する施設の指定について」の博物館・動物園・植物園・水族館それぞれの規模規定が適用される。その基準を満たして文部科学省や都道府県（指定都市）の教育委員会が社会教育調査の対象とすれば計上されると解釈できる。

7）博物館法第8条に基づき，最初は1973年に公立博物館を対象に基準を発表し，2003年にそれを改正した。2015年には公立に限らず博物館全体の基準として発表した。https://www.mext.go.jp/a_menu/01_1/08052911/1282457.htm。

8）指定管理制度についての問題・課題などについては，たとえば以下を参照のこと。柳与志夫（2012）「社会教育施設への指定管理者制度導入に関わる問題点と今後の課題―図書館および博物館を事例として」『レファレンス』733：79-91頁　https://dl.ndl.go.jp/info：ndljp/pid/3480644。

9）独立行政法人についての問題・課題については，たとえば以下を参照のこと。大迫丈志（2010）「独立行政法人制度の課題」『調査と情報』688号，https://www.ndl.go.jp/jp/diet/publication/issue/pdf/0688.pdf。

10）国立教育政策研究所社会教育実践研究センター編集・発行（2022）「令和3年度　博物館に関する基礎資料」。https://www.nier.go.jp/jissen/book/r03/pdf/r03museum_base_all.pdf。

11）ユネスコ（2015）「ミュージアムとコレクションの保存活用，その多様性と社会における役割に関する勧告」。ICOM日本委員会が翻訳して公開している（https://icomjapan.org/wp/wp-content/uploads/2020/03/UNESCOreport2015.pdf）。日本ユネスコ国内委員会ウェブサイトでは文部科学省による仮訳であるが，訳語選びの関係で勧告の名称が異なっているので注意のこと。注10に前掲した「基礎資料」には掲載されていない。

12）International Council of Museums；本部はパリ。以前はこの略称を「イコム」と読んでおり，冊子の表題などにはカタカナ表記でそのように出ているものが多数ある。2017年ころから，ICOM日本委員会でも「アイコム」と読むようにしている。

13）中央値は，得られた数値の順番に並べた結果で順位が真ん中の値をいう。ここでは平均値（算術平均）に代わって集団を代表させている。

14）2022年4月1日現在の数値，内訳は四年制大学286大学，短期大学（部）6大学。文

化庁ウェブサイト「学芸員養成課程開講大学一覧」（https://www.bunka.go.jp/seisaku/bijutsukan_hakubutsukan/shinko/about/daigaku/）による。資格取得に必要な科目・単位数などについては，文部科学省令による博物館法施行規則で定めている。なお，2008年当時の博物館学芸員課程設置大学は短期大学を除いて322だった。2009年4月の同規則改正（施行は2012年4月）で博物館専門科目が増え，必要な単位数が19単位となって，開設する大学の負担が大きくなったこともあって，学芸員課程設置大学は減少した。

15）㈱丹青研究所調査編集・発行（2009）「平成20年度文部科学省委託事業　大学における学芸員養成課程および資格取得者の意識調査報告書」（https://www.bunka.go.jp/seisaku/bijutsukan_hakubutsukan/shinko/hokoku/h20/1409470.html）。

16）文化庁サイト「学芸員の資格認定について」（https://www.bunka.go.jp/seisaku/bijutsukan_hakubutsukan/shinko/about/shikaku/index.html）。

17）日本学術会議史学委員会「博物館・美術館等の組織運営に関する分科会」が2017年と2020年に発表した博物館法改正に向けた提言のなかで，学芸員制度については一種・二種と区分する制度を提案している。このような提案を含め，学芸員制度を巡ってはさまざまな議論がある。

18）いっぽうで，採集日・場所が同一で重複して所蔵する押し葉標本を，参照・研究用に他地域の博物館と交換しあうことも行われる。

19）このかん（2020年2月下旬〜4月12日）の関連ハッシュタグの付いたツイートをまとめたサイトがある。不安が高まったあの時期に，なかでも「＃休園中の動物園水族館」のツイートに対して「癒された」という反応が数多く寄せられたことは特筆される。「自宅でも博物館・美術館を楽しむ（新型コロナウイルス感染症流行に伴う休館・休園対応）」（https://togetter.com/li/1474956）。

20）渋谷美月（2020）「大きなコミュニティとなったおうちミュージアム」『博物館研究』55（10），22-25頁（2020年9月25日）プレプリントを公開（https://researchmap.jp/shibuya.mizuki/misc/30372213/attachment_file.pdf）。

21）YouTube「文化庁 bunkachannel」内でコンパクトに紹介されている。「【研修会】博物館の会員制度等の意義と可能性〈株式会社丹青研究所〉」（https://www.youtube.com/watch?v=_UXRi1LaQJA&t=1611s）。

参考文献

公益財団法人日本博物館協会編集・発行（2020）「令和元年度　日本の博物館総合調査報告書」https://www.j-muse.or.jp/02program/pdf/R2sougoutyousa.pdf

布谷知夫（2005）『博物館の理念と運営―利用者主体の博物館学』雄山閣

浜口哲一（1996）「市民と共有できるテーマを」神奈川県立生命の星・地球博物館編『これからの自然史（誌）博物館』126-132頁

林浩二（2014）「第26章　博物館におけるインタープリテーション」津村俊充・増田直広・古瀬浩史・小林毅編『インタープリター・トレーニング』ナカニシヤ出版，108-111頁

横山佐紀（2020）『ミュージアムを知ろう―中高生からの美術館・博物館入門』ぺりかん社

終　章　ポストコロナ・SDGs の社会教育・生涯学習

第1節　忘れられるパンデミックの記憶

　カミュは，その代表作『ペスト』で次のように書いている。

> 　わが市民諸君にとって，その年の春起った種々の出来事など，これを期待させうるようなものは何ひとつなかったのであって，しかもそれらの出来事こそ，やがてわかったことであるが，ここにその記録をつづろうと思い立った一連の重大事件の最初の兆候ともいうべきものであったのである。…しかし，結局，記録作者というものはそういう矛盾を顧慮してはいられないのである。彼の仕事は，『こういうことが起った』と—こういうことが事実起り，それが一住民全体の生活に関係し，したがって彼のいうことの真実性を自身の胸で評価しうる証人が数千もあるということをみずから知っている場合に—ただ，そう言うことである。

　私たちがいま直面している新型コロナウイルス感染症のパンデミックを，一人の「記録作者」として，どのように記録し，後世に伝えるべきであろうか。それは取りも直さず，私たちがこのパンデミックからどのような教訓を引き出すのか，ここから何を学ぶのかということでもある。そして，この事件（パンデミック）が世界のあり方を大きく変える契機となるであろうことを明らかにするとともに，未来の世代に証言することでもある。

　ここで，1つの意外な事実を指摘しなければならない。それは，「パンデミックの記憶は忘れられやすい」ということである。ほぼ100年前，第一次世界大戦末期に広がりはじめ，世界人口の3分の1ないし4分の1（約5億人）が感染し，推計値に幅があるものの約1700万人から1億人が死亡したといわれている「スペイン風邪（スペイン・インフルエンザ）」について，歴史学者・速水融は「日本ではそれをタイトルとした一冊の著書もなく，論文すらごく少数ある

に過ぎない」と指摘している。これは，このパンデミックの発生源にあたるアメリカにおいても，アルフレッド・W・クロスビーが「スパニッシュ・インフルエンザは，これまで人々の畏怖の対象とされたことは一切なかったといってもいい—1918年においてもそれ以降でも，そしてどのような土地に住む人々からも，もちろんわが合衆国市民からも」と指摘するように「忘れ去られた」のである。

なぜ，パンデミックが「忘れ去られる」のか。その理由を見つけることが，本章の課題ではない。問題は，スペイン風邪のように世界中で膨大な感染者と多くの死亡者を出しつづけている，この新型コロナも意外に早く私たちの記憶から「忘れ去られる」可能性があるということであり，私たちがその記憶と意味をどのように後世に伝えるべきなのかということである。

第2節　新型コロナを私たちはどう理解し，どう対応してきたのか

（1）予知されていた「疾病X」

新型コロナの最初の患者（ペイシェント・ゼロ）が中国・武漢市で確認されたのが，2019年12月1日である。マーク・ホニグスバウムは，スペイン風邪以降のパンデミックの特徴と経緯を丁寧に総括しつつ，「疾病X」として新型コロナを分析している。

この名称は，2018年にWHOが改訂した「研究開発ブループリント」に初めて登場した。それまで，「完全に未知の病原体」を意味する「新たな疾患」のカテゴリー名称として提案されたのが，「疾病X」だった。この警告が新型コロナとして，私たちに大きな災禍をもたらしているのである。その意味では，新型コロナのパンデミックの可能性が以前から予測されていたともいえる。ホニグスバウムは新型コロナの兆候を，次のように記述している。

　2005年，科学者たちが中国でSARSコロナウイルスに酷似したウイルスをキクガシラコウモリから分離したことが突破口になった。ところが，このウイルスはヒト細胞に感染するために不可欠なタンパク質でできたスパイクをもっていなかった。事情が変わったのは2013年だった。この年，ニューヨークに拠点をもつ

世界規模の非営利組織エコヘルス・アライアンスの科学者チームが，中国南部の昆明市にある鍾乳洞に入った。…これらのコロナウイルスにはSARSコロナウイルスとほぼ同一の（とりわけスパイクのタンパク質をコードするゲノム部位が同じ）2つの新たな株が含まれていた。エコヘルス・アライアンスのピーター・ダサック代表と，報告書の著者の一人は「サイエンス」誌でこう述べた。「このことは，現在，中国には直接ヒトに感染し，もう一度SARSのパンデミックを起こすことのできるウイルスを保有するコウモリがいることを示している」。

　最初の患者が発見されてから武漢市がロックダウンされる1月の第3週まで，あまりに時間がかかった。すでに推定で500万人が海外に出国してしまっていたと，中国政府の初動対応の不味さがパンデミックを引き起こしたと指摘するのは，ホニグスバウムだけではない。その意味では，私たちは新型コロナの発生と感染拡大をもっと早くから予測して防疫する可能性があったということであり，パンデミックの発生源となった中国政府の初動対応が国際的な協調態勢のもとで早期に進められていたならば，ブレイクアウトもしくはエピデミックで終わった可能性があったということになる。

（2）日本政府の新型コロナ初動対応

　2020年1月15日に国内で最初の症例が発見されたことで，新型コロナは日本でも防疫対策が求められる喫緊の課題となった。これ以降，現在に至る新型コロナへの対応を東京都の感染状況を指標として，7つの時期に区分することができる。

【第0期（潜伏期）】2019年12月31日～2020年1月23日
【第Ⅰ期（第一波）】2020年1月24日～6月末／都内最大感染者数＝206人（4月17日）
【第Ⅱ期（第二波）】2020年7月1日～10月末／都内最大感染者数＝472人（8月1日）
【第Ⅲ期（第三波）】2020年11月1日～2021年3月末／都内最大感染者数＝2520人（1月7日）
【第Ⅳ期（第四・五波）】2021年4月1日～10月末／都内最大感染者数＝第四波1121人（5月8日）・第五波5908人（8月13日）

【第Ⅴ期（第六波）】2021年11月１日〜６月末／都内最大感染者数２万1562人（２月２日）

【第Ⅵ期（第七・八波？）】2022年７月１日〜現在（11月20日）／都内最大感染者数４万395人（７月28日／10月10日の1372人をボトムとして再び感染者数が増加しはじめている）。

　ここでは，日本政府の新型コロナ初動対応（第一波）を確認する。中国・武漢市において最初の感染者が発見されてからほぼ１カ月後の2019年12月31日に，「原因不明のウイルス性肺炎」の発生が日本政府に伝えられたことで始まる。国内での最初の症例が発見された（１月15日）ことを受けて，感染症対策関係閣僚会議が開催された（１月21日）。

　１月24日に東京都内で最初の感染者が確認され，中国湖北省への渡航中止勧告が出された。ダイヤモンド・プリンセス号の入港を受けて，感染症法上の「指定感染症」への指定，新型コロナウイルス感染症対策本部（政府対策本部）の設置，「新型コロナウイルス感染症に関する緊急対応策」の決定，専門家会議の設置，検疫法第34条の指定感染症への指定などの防疫体制の整備が急速に進められた。第一波の感染拡大を受けて，政府対策本部が「新型コロナウイルス感染症対策の基本方針」を決定し，スポーツ・文化イベントの中止等や学校一斉休校の要請を行った。専門家会議も「新型コロナウイルス感染症対策の見解」を発表して，いわゆる「三密」の回避を呼びかけた。「新型インフルエンザ等対策特別措置法」の一部を改正し（３月13日公布），「要請」の段階から本格的な「規制」の段階に入った。４月７日に７都府県（埼玉，千葉，東京，神奈川，大阪，兵庫，福岡）を対象に緊急事態宣言が発出され，４月16日には全国に対象区域が拡大された。また，緊急経済対策や補正予算の成立を経て，専門家会議から「新しい生活様式」が公表された（５月４日）。第一波の収束傾向を受けて39県の緊急事態宣言を解除（５月14日）し，全国での解除（５月25日）も行った。東京都は４月11日から開始した「事業者への休業・時短要請」を６月18日まで行った。イベント開催制限の緩和（７月10日），GoToキャンペーンの開始（７月22日）など規制の緩和へと向かう政策がとられた結果として，感染

者が再び急増して第二波を迎える。

　その後，東京都には4回の「緊急事態宣言」(2020年4月7日〜5月25日，2021年1月7日〜3月21日，4月25日〜6月20日，2022年1月21日〜3月21日）と3回の「まん延防止等重点措置」(2021年4月12日〜24日，6月21日〜7月11日，2022年1月21日〜3月21日）が発令され，1年遅れて東京オリンピック（2021年7月23日）・パラリンピック（8月24日〜9月5日）も開催された。第七波以降，現在に至るまで感染者が急増しても緊急事態宣言などが発令されない背景として，新型コロナの変異株（現在はオミクロン株BA5）の特質とワクチン接種率の高さ（2021年11月には国内のほぼ8割が必要回数の接種済／2022年11月20日現在のワクチン延接種回数＝2億7898万2513回）があると考えられる（現在の致死率は約2％）。

（3）「日本モデル」と学校一斉休校

　日本政府は，新型コロナにほぼ一貫して「要請」を中心とした強制力を伴わない対応を取ってきた。その基本的な枠組みを生み出したものが，第一波を成功裡に乗り切ったと自己評価した「日本モデル」であったと考えられる。

　新型コロナに関わる1回目の緊急事態宣言を全国で解除するにあたって，安倍首相（当時）は記者会見で次のように述べた。

> 　わが国では，緊急事態を宣言しても，罰則を伴う強制的な外出規制などを実施することはできません。それでも，そうした日本ならではのやり方で，わずか1カ月半で，今回の流行をほぼ収束させることができました。正に，日本モデルの力を示したと思います。

　この「日本モデル」という表現は，専門家会議の「新型コロナウイルス感染症対策の状況分析・提言」(2020年4月1日）で最初に使われたものである。『新型コロナ対応民間臨時調査会　調査・検証報告書』（民間臨調報告書）は，新型コロナ第一波への政府の対応をみるかぎり，「日本モデル」と呼びうる緻密な政策パッケージではなく「場当たり的な判断の積み重ね」だったと指摘してい

る。その典型的な事例が，安倍首相による学校一斉休校の要請であった。この要請は，その効果に疑問がもたれているだけでなく，教育委員会や学校現場での判断を尊重する対応から画一的でトップダウンによる対応へと転換されたという意味で大きな転機となった。この経緯を民間臨調報告書は，「専門家の発信に影響された政策決定」として分析している。2月24日に「新型コロナウイルス感染症対策の基本方針の具体化に向けた専門家の見解」が出され，その記者会見において尾身副座長（当時）が「今まさに瀬戸際に来ている」と発言した。この発言は全国一斉休校の要請を想定していなかったが，深刻に受け取った安倍首相が補佐官のアイデアをそのまま要請として発言したとされる。

　公立学校の臨時休業は学校保健安全法第20条の規定に基づいて「学校の設置者」が行うものとされており，全国一律の一斉休校を公立学校に指示する権限は首相には存在しない。法的な根拠のない首相からの休校要請であったにもかかわらず，公立学校のほぼ99％が「臨時休業」したのである（文科省，2020年3月4日（水）8時時点・暫定集計）。荻生田文科相（当時）は慎重な姿勢をみせ，文科省として一斉休校の必要はないと考えていると申し入れたものの，官邸は一斉休校実施に向けて調整を進めた。2月27日の政府対策本部（第15回）において，首相は「全国すべての小学校，中学校，高等学校，特別支援学校について，来週3月2日から春休みまで，臨時休業を行うよう」要請した。このように専門家会議でも疫学的な観点から効果に疑問が出され，学校を所管する文科省の意図とも異なる形で唐突に提起された全国一斉休校の要請は，学校教育現場に多くの混乱をもたらした。

第3節　「災害に向き合う教育」をどのように考えるか

（1）後回しにされる社会教育施設の再開

　緊急事態宣言は，「人と人との接触の機会の最低7割，極力8割削減する」ことを求めた。その後，2020年5月25日には全国の指定が解除され，それぞれの自治体が独自に日常生活の再開を段階的に進めた。安倍首相は5月4日の記者会見で「この13都道府県（特別警戒都道府県）におきましても，8割の接触

回避のお願いをいたしますが，博物館や美術館や図書館などの使用制限を緩和したい」と述べ，一定の条件をつけて「再開」することを認めた。しかしながら，学校に比べて公民館や図書館，博物館といった社会教育施設で学び，活動することは後回しにされやすい傾向がある。

　3月24日に文科省は「新型コロナウイルス感染症に対応した学校再開ガイドライン」を公表した。また，5月14日の解除に合わせて，スポーツ庁が「社会体育施設の再開に向けた感染拡大予防ガイドライン」を発表したほか，社会教育関係団体が活動「再開」のための「ガイドライン」を発表した。その主なものは，公益社団法人全国公民館連合会，公益社団法人日本図書館協会，公益財団法人日本博物館協会，公益財団法人日本スポーツ協会・公益財団法人日本障がい者スポーツ協会，公益社団法人全国公立文化施設協会などである。

　その後，文科省は5月25日の全国解除宣言による「基本的対処方針」の改正を受けて，「新しい生活様式」の定着等を前提として，5月25日から7月31日までの約2カ月間，「移行期間中において，催物（イベントなど）の開催制限，施設の使用制限の要請等について，6月1日，6月19日，7月10日から，それぞれ段階的に緩和する」ように指示（事務連絡）した。

（2）「災害に向き合う」社会教育施設の役割

　2018年現在，全国には9万23館の社会教育施設（うち1万3993館が公民館，3360館が図書館，1287館が博物館，4万6977館が社会体育施設）があり（2018年度社会教育調査（中間報告）調査結果の概要），その多くが台風（大雨）・地震・噴火などの災害時に住民の避難所として活用される。しばしば災害時の一時避難所として使用される公立の小学校（1万9591校），中学校（9421校）の数（2018年度学校基本調査）に比べても，地域における社会教育施設の役割の大きさは明らかである。日常的な住民の学習・活動と結びつく地域の教育施設であるからこそ，住民の避難所や地域の復旧・復興拠点として社会教育施設が有用な役割を果たしうるのである。

　野元弘幸編著『社会教育における防災教育の展開』は，それを「防災教育」

という概念で次のように書き出している。

> 　今後確実に起きるといわれる災害で，「一人の犠牲者も出さない」ために社会教育では何が必要かを考え，具体的に備えることを目指して，これまでの研究成果をまとめたものである。…非現実的だと思われるかもしれないが，…いくら大きな災害であっても，亡くなっても仕方ない命はない。

　えてして「防災教育」が被災者・被害者を少しでも「少なく」するためのリスクマネジメントとして語られるのに対し，ここで語られるのは「誰一人取り残されない」ためのものである。まさに，SDGs（持続可能な開発目標）の実現としての意味をもつだけでなく，住民の一人ひとりが（例外なく）防災教育の主体として成長することを求めている。

　しかしながら，本書は「社会教育研究においては，災害から住民を守るという課題の重要性が十分に自覚されてこなかったということ」を率直に認めている。とりわけ，第6章「熊本地震と公民館」（山城）で熊本地震において避難所としての公民館の現実を丁寧に分析するなかで，①「学習者たちは学びの拠点を失ったが，学習する権利は失わなかった…『学び続けること』が日常を取り戻し，心の復興につながることを多くの講座生が証明している」，②「学習の成果を避難所生活に生かしていく活動が生まれたこと…講座生による避難所生活者に対する慰安や支援には，公民館で培われた学びが展開されている」，③「応急仮設住宅という新たなコミュニティに対して公民館の役割が期待されること…応急仮設住宅内に設置された集会所『みんなの家』では，新たな住民同士の絆がつくられ，地域住民や市立公民館との連携が模索されている」と指摘していることは，社会教育施設における防災教育を展開するうえでの重要な視点を提起している。

（3）「厄災の教育学」の意味

　阪神・淡路大震災を契機に，「教育学は何ができるのか」と問い，災害の記憶の伝承と教育との関係を「厄災の教育学」として提起した研究がある（山名・

矢野）。「教育は基本的に上昇志向の営みだ」と認めながら，そこに災害と厄災という「カタストロフィー（破局）」を引き入れるという困難さ，「表現への意志を人々から奪う」という表現の困難さが，二重三重に教育者がこの問題に向き合うことをむずかしくしている。それでも「災害をめぐる教育は，子どもたちに大きな不安や絶望を与えかねないリスクを負いつつも，そのギリギリのところで彼らの保護を試みて主題を希望へと，あるいは人生の意味へと接続する極めて高度な課題を引き受けている」という確信が，これまでの「災害をめぐる教育」と問題意識を共有する。

　災害に向き合おうとする防災教育の多くが，〈そのとき〉の地域社会を一部に組み込みながらも，学校という空間や教師と子ども・その家族という関係という「閉じた」教育空間で語られてきた。これに対して，「記憶空間の教育学（Gedenkstatten-pedagogik）」（山名）という枠組みのもとで位置づけられる「記憶を伝える」という行為は，学校−ミュージアム−都市という，より広い教育の場（想起アーキテクチャ）で語られる。〈それから〉を生きることになった人間が，遺品となったモノと物語に耳をすまし，「なぜいまこの私たちにこのような理不尽なことが起こるのか」「生き残ってしまった私たちはこれからどうすれば良いのか」を問う場である。「厄災の教育」は破局に抗する市民の形成という社会的次元と，受苦の思想やケアへの倫理といった臨床的人間学的次元の二重の教育課題をもつ。

　震災の被災体験も，戦争体験も，公害被害体験も，さらにパンデミック体験も時間とともに当事者が去り，記憶は薄れ，そのリアリティも失われていく。犠牲者・被害者・被災者とともに「厄災」と呼ばれる出来事そのものが，「忘却の穴」のうちに消滅させられてしまう事態に直面する。だからこそ，「記憶を伝える」ことを教育学にどう位置づけるのかという提起は，重要な意味をもつのであろう。

　しかしながら，人類の歴史を振り返るとき，「感染症は社会に影響を与え，また逆に感染症研究・対策も，社会から影響を受けるという社会的存在」（加藤茂孝）であり，天然痘，ペスト，ポリオ，結核，麻疹，風疹，インフルエンザ，

HIV/AIDS，ハンセン病，狂犬病，マラリア，梅毒，コレラ，エボラウイルス病，SARS・MARS などのように，新型コロナ以前にも多くの感染症が人類の脅威となってきたことは明らかである。ジャレド・ダイアモンドの名著『銃・病原菌・鉄』のキーワードに病原菌（感染症）が入っていることは，文明の盛衰にこれが決定的な役割を果たしたことを明示している。また，ダニエル・デフォーが描く17世紀中葉にロンドンを襲ったペストの様子は，21世紀の新型コロナに苦しむ私たちの姿を二重写しにしているようにみえる。

（4）経験を「記憶として伝える」ために

「厄災の教育学」の視野は災害にとどまらず戦争や環境汚染（公害など）を含むものであるため，感染症のような問題にも広く適用できる裾野の広さをもっている。成田龍一は，戦争経験の伝え方が時代とともに「体験／証言／記憶」へと変容することを指摘している。

> 当初は，戦争経験のある人々が同様の経験を有する人々に語りかける「体験」の時代があり，経験を有する人々がそれを持たない人々と交代の兆しを見せる1970年前後に「証言」の時代となった。そして戦争の直後の経験を持たない人々が多数を占める1990年前後に「記憶」の時代となる。

戦争という厄災の「状況」におかれた民衆は，自らの経験をどのようにとらえ，語り，記録するのか。厄災の経験を「記憶として伝える」ために，私たちは何をすべきであり，教育には何ができるのか。新型コロナのパンデミックという厄災の「状況」におかれている私たちも戦争経験の伝え方から多くの示唆を得ることができる。ここでは，敗戦によって厄災の終結（新型コロナでは収束）を迎えることで経験を，当事者が語り，伝える（書く，描く，表現する）「体験」の時代の特徴を分析されている。

ポツダム宣言の受諾によって日本人は「これまでの戦時における戦争の語りが問われ，敗戦を踏まえての経験として整理するよう促される時代」に身をおくことになった。いまだ新型コロナのパンデミックという「状況」にいる私た

ちは，いずれ迎えるであろう収束に向けて，①個々の経験を記述し，②その経験を政府や専門家が描き出す全体像のなかで意味づけ，③その偏りや欠落を補う視点を求めて全体像の再構築を試み，④共有すべき経験をもたない者への「証言」として自分たちの経験を編集しようとするのではないだろうか。こうした一連の過程のなかに，「記憶を伝える教育」の課題と可能性を見いだすことができる。

第4節　ポストコロナ社会のために

「パンデミックによって世界がどのように変わろうとしているのか」という問いが，最後に残されている。スラヴォイ・ジジェクは，新型コロナのパンデミックが表面的な国家主義的・独裁主義的な対策に対して，確実に一国の政府の仕組みをはるかに超えた総合的なアプローチ（強力かつ効率的な国際協調と国際協力，国家管理外の人員の動員）を求めており，それが感染発生以前に私たちが経験していたものとは異なる「通常」を生み出しつつあると指摘している。また，パオロ・ジョルダーノは，「すべてが終わった時，本当に僕たちは以前とまったく同じ世界を再現したいのだろうか」と私たちに問いかけ，「元に戻ってほしくないことについて」考えて行動することを提起している。

両者に共通することは，ポストコロナの世界が私たちに新しい世界のあり方を提起しているということであり，SDGs をはじめとしたグローバリゼーションの矛盾を正す可能性をもつということである。

本章の冒頭で問題にした，このパンデミックの記憶が「忘れ去られる」のではないかという危惧を依然として拭えない。そこにはパンデミックという厄災の特徴があるとともに，私たちがこの「記憶を伝える」ために何をなすのかという行為が影響する。私たちがウィズ・コロナのもとで目にし，身につけた「新しい生活様式」の延長上にポストコロナ社会が生み出される可能性がある。このパンデミックのもとで私たちに何が起きたのか，私たちは何をしたのか，私たちが何を生み出そうとしているのか，社会教育・生涯学習の課題として研究を続ける必要がある。

参考文献

朝岡幸彦・山本由美編著（2021）『「学び」をとめない自治体の教育行政』自治体問題研究社

アルフレッド・W・クロスビー（2004）『史上最悪のインフルエンザ』みすず書房

加藤茂孝（2013）『人類と感染症の歴史』丸善出版

──（2018）『続・人類と感染症の歴史』丸善出版

カミュ（1969）『ペスト』新潮社

ジャレド・ダイアモンド（2013）『銃・病原菌・鉄』草思社

新型コロナ対応民間臨時調査会（2020）『新型コロナ対応民間臨時調査会　調査・検証報告書』アジア・パシフィック・イニシアティブ

スラヴォイ・ジジェク（2020）『パンデミック』P ヴァイン

ダニエル・デフォー（1973）『ペスト』〈中公文庫〉中央公論新社

成田龍一（2020）『増補「戦争経験」の戦後史』岩波書店

パオロ・ジョルダーノ（2020）『コロナ時代の僕ら』早川書房

速水融（2006）『日本を襲った　スペイン・インフルエンザ』藤原書店

マーク・ホニグスバウム（2021）『パンデミックの世紀』NHK 出版

水谷哲也・朝岡幸彦編著（2021）『学校一斉休校は正しかったのか？』筑波書房

山名淳・矢野智司編著（2017）『災害と厄災の記憶を伝える』勁草書房

おわりに

　世界の人口は80億人を超え，いっぽう日本の人口は急減期に入った。感染症や気候変動といった人類史を左右するグローバルな危機，少子高齢化やジェンダー格差，経済の停滞，閉塞感の広がりといった日本社会の課題。私たちはいま，誰にも見通しのつかない時代を生きている。そのような時代に，「誰ひとり置き去りにしない」というスローガンと「持続可能な開発」という概念が，世界の道標としての役割を担うべく共有されつつある。経済成長一辺倒の開発や，それを担う人づくりとしての教育は，大きく方向を転換し，社会や環境の質を大切にしながら誰も取り残さない共生の価値を体現する，持続可能で包容的な未来を創る開発と，それを担う人々を支え力づける教育へと，変化することを求められている。

　本書はここまで，そうした変化の必要性に向き合う社会教育・生涯学習のありようを，理念，歴史，法制度，財政，地域づくり，施設と職員といった多様な側面から論じ，その全体像を提示してきた。

　人類が切り拓いてきた，すべての人の基本的人権として学習・教育を保障しようとする道筋と，すべての人が持続可能な社会を創造するための力を獲得していくことを支えようとする道筋が交わり，さらに延びていく先に，社会教育・生涯学習はどのような実践を生み出していけるだろうか。政治的公共性を担いながら自己を変容させ社会を変革するシティズンシップを，これからの社会教育・生涯学習はどのように育んでいけるだろうか。

　本書を手にとり各章からのメッセージを受け取っていただいたみなさんには，ぜひさらなる議論に加わり，これからの社会教育・生涯学習を創造する仲間として，ともに歩みを進めていただければと願う。

二ノ宮リム さち（編者）

巻末資料

教育基本法（抄）　平成十八年法律第百二十号

教育基本法（昭和二十二年法律第二十五号）の全部を改正する。

我々日本国民は，たゆまぬ努力によって築いてきた民主的で文化的な国家を更に発展させるとともに，世界の平和と人類の福祉の向上に貢献することを願うものである。

我々は，この理想を実現するため，個人の尊厳を重んじ，真理と正義を希求し，公共の精神を尊び，豊かな人間性と創造性を備えた人間の育成を期するとともに，伝統を継承し，新しい文化の創造を目指す教育を推進する。

ここに，我々は，日本国憲法の精神にのっとり，我が国の未来を切り拓く教育の基本を確立し，その振興を図るため，この法律を制定する。

第一章　教育の目的及び理念

（教育の目的）

第一条　教育は，人格の完成を目指し，平和で民主的な国家及び社会の形成者として必要な資質を備えた心身ともに健康な国民の育成を期して行われなければならない。

（教育の目標）

第二条　教育は，その目的を実現するため，学問の自由を尊重しつつ，次に掲げる目標を達成するよう行われるものとする。

一　幅広い知識と教養を身に付け，真理を求める態度を養い，豊かな情操と道徳心を培うとともに，健やかな身体を養うこと。

二　個人の価値を尊重して，その能力を伸ばし，創造性を培い，自主及び自律の精神を養うとともに，職業及び生活との関連を重視し，勤労を重んずる態度を養うこと。

三　正義と責任，男女の平等，自他の敬愛と協力を重んずるとともに，公共の精神に基づき，主体的に社会の形成に参画し，その発展に寄与する態度を養うこと。

四　生命を尊び，自然を大切にし，環境の保全に寄与する態度を養うこと。

五　伝統と文化を尊重し，それらをはぐくんできた我が国と郷土を愛するとともに，他国を尊重し，国際社会の平和と発展に寄与する態度を養うこと。

（生涯学習の理念）

第三条　国民一人一人が，自己の人格を磨き，豊かな人生を送ることができるよう，その生涯にわたって，あらゆる機会に，あらゆる場所において学習することができ，その成果を適切に生かすことのできる社会の実現が図られなければならない。

（教育の機会均等）

第四条　すべて国民は，ひとしく，その能力に応じた教育を受ける機会を与えられなければならず，人種，信条，性別，社会的身分，経済的地位又は門地によって，教育上差別されない。

2　国及び地方公共団体は，障害のある者が，その障害の状態に応じ，十分な教育を受けられるよう，教育上必要な支援を講じなければならない。

3　国及び地方公共団体は，能力があるにもかかわらず，経済的理由によって修学が困難な者に対して，奨学の措置を講じなければならない。

第二章　教育の実施に関する基本

〈第五条〜第十一条，略〉

（社会教育）

第十二条　個人の要望や社会の要請にこたえ，社会において行われる教育は，国及び地方公共団体によって奨励されなければならない。

2　国及び地方公共団体は，図書館，博物館，公民館その他の社会教育施設の設置，学校の施設の利用，学習の機会及び情報の提供その他の適当な方法によって社会教育の振興に努めなければならない。

〈以下，第十三条〜第十八条　略〉

社会教育法（抄）　昭和二十四年法律第二百七号

（最終改正：令和四年法律第六八号）

第一章　総則

（この法律の目的）

第一条　この法律は，教育基本法（平成十八年法律第百二十号）の精神に則り，社会教育に関する国及び地方公共団体の任務を明らかにすることを目的とする。

（社会教育の定義）

第二条　この法律において「社会教育」とは，学校教育法（昭和二十二年法律第二十六号）又は就学前の子どもに関する教育，保育等の総合的な提供の推進に関する法律（平成十八年法律第七十七号）に基づき，学校の教育課程として行われる教育活動を除き，主として青少年及び成人に対して行われる組織的な教育活動（体育及びレクリエーションの活動を含む。）をいう。

（国及び地方公共団体の任務）

第三条　国及び地方公共団体は，この法律及び他の法令の定めるところにより，社会教育の奨励に必要な施設の設置及び運営，集会の開催，資

料の作製，頒布その他の方法により，すべての国民があらゆる機会，あらゆる場所を利用して，自ら実際生活に即する文化的教養を高め得るような環境を醸成するように努めなければならない。

2　国及び地方公共団体は，前項の任務を行うに当たつては，国民の学習に対する多様な需要を踏まえ，これに適切に対応するために必要な学習の機会の提供及びその奨励を行うことにより，生涯学習の振興に寄与することとなるよう努めるものとする。

3　国及び地方公共団体は，第一項の任務を行うに当たつては，社会教育が学校教育及び家庭教育との密接な関連性を有することにかんがみ，学校教育との連携の確保に努め，及び家庭教育の向上に資することとなるよう必要な配慮をするとともに，学校，家庭及び地域住民その他の関係者相互間の連携及び協力の促進に資することとなるよう努めるものとする。

（国の地方公共団体に対する援助）

第四条　前条第一項の任務を達成するために，国は，この法律及び他の法令の定めるところにより，地方公共団体に対し，予算の範囲内において，財政的援助並びに物資の提供及びそのあつせんを行う。

（市町村の教育委員会の事務）

第五条　市（特別区を含む。以下同じ。）町村の教育委員会は，社会教育に関し，当該地方の必要に応じ，予算の範囲内において，次の事務を行う。

一　社会教育に必要な援助を行うこと。

二　社会教育委員の委嘱に関すること。

三　公民館の設置及び管理に関すること。

四　所管に属する図書館，博物館，青年の家その他の社会教育施設の設置及び管理に関すること。

五　所管に属する学校の行う社会教育のための講座の開設及びその奨励に関すること。

六　講座の開設及び討論会，講習会，講演会，展示会その他の集会の開催並びにこれらの奨励に関すること。

七　家庭教育に関する学習の機会を提供するための講座の開設及び集会の開催並びに家庭教育に関する情報の提供並びにこれらの奨励に関すること。

八　職業教育及び産業に関する科学技術指導のための集会の開催並びにその奨励に関すること。

九　生活の科学化の指導のための集会の開催及びその奨励に関すること。

十　情報化の進展に対応して情報の収集及び利用を円滑かつ適正に行うために必要な知識又は技能に関する学習の機会を提供するための講座の開設及び集会の開催並びにこれらの奨励に関すること。

十一　運動会，競技会その他体育指導のための集会の開催及びその奨励に関すること。

十二　音楽，演劇，美術その他芸術の発表会等の開催及びその奨励に関すること。

十三　主として学齢児童及び学齢生徒（それぞれ学校教育法第十八条に規定する学齢児童及び学齢生徒をいう。）に対し，学校の授業の終了後又は休業日において学校，社会教育施設その他適切な施設を利用して行う学習その他の活動の機会を提供する事業の実施並びにその奨励に関すること。

十四　青少年に対しボランティア活動など社会奉仕体験活動，自然体験活動その他の体験活動の機会を提供する事業の実施及びその奨励に関すること。

十五　社会教育における学習の機会を利用して行つた学習の成果を活用して学校，社会教育施設その他地域において行う教育活動その他の活動の機会を提供する事業の実施及びその奨励に関すること。

十六　社会教育に関する情報の収集，整理及び提供に関すること。

十七　視聴覚教育，体育及びレクリエーションに必要な設備，器材及び資料の提供に関すること。

十八　情報の交換及び調査研究に関すること。

十九　その他第三条第一項の任務を達成するために必要な事務

2　市町村の教育委員会は，前項第十三号から第十五号までに規定する活動であつて地域住民その他の関係者（以下この項及び第九条の七第二項において「地域住民等」という。）が学校と協働して行うもの（以下「地域学校協働活動」という。）の機会を提供する事業を実施するに当たつては，地域住民等の積極的な参加を得て当該地域学校協働活動が学校との適切な連携の下に円滑かつ効果的に実施されるよう，地域住民等と学校との連携協力体制の整備，地域学校協働活動に関する普及啓発その他の必要な措置を講ずるものとする。

3　地方教育行政の組織及び運営に関する法律（昭和三十一年法律第百六十二号）第二十三条第一項の条例の定めるところによりその長が同項第一号に掲げる事務（以下「特定事務」という。）を管理し，及び執行することとされた地方公共団体（以下「特定地方公共団体」という。）である市町村にあつては，第一項の規定にかかわらず，同項第三号及び第四号の事務のうち特定事務に関するものは，その長が行うものとする。

〈以下，第六条～第五十七条，略〉

索　引

[編著者]

二ノ宮リム さち　東海大学スチューデントアチーブメントセンター准教授　　　　　　［序章］
　同大学院人間環境学研究科兼任講師／環境サステナビリティ研究所所員。東京都昭島市社会教育委員。
1990年代後半より国内外のNPO・行政・大学などで持続可能な開発のための教育（ESD）を推進。
主な著書・訳書：『社会教育・生涯学習論』共著（学文社，2018），『民主主義を創り出す』共訳（東
海大学出版会，2020），『知る・わかる・伝えるSDGs II』編著（学文社，2021）ほか。

朝岡 幸彦　東京農工大学農学部教授　　　　　　　　　　　　　　　　　　　［第2・3章・終章］
　博士（教育学）。共生社会システム学会会長。日本環境教育学会会長・日本社会教育学会常任理事／
事務局長などを歴任。主著：『社会教育・生涯学習論』編著（学文社，2018），『こども環境学』監修
（新星出版社，2021），『「学び」をとめない自治体の教育行政』編著（自治体研究社，2021），『知る・
わかる・伝えるSDGs IV』編著（学文社，2022）ほか。

[著者]

鈴木 敏正　北海道大学教育学部名誉教授　　　　　　　　　　　　　　　　　　　［第1章］
　博士（教育学，農学）。元日本社会教育学会会長。主著：『現代教育計画論への道程』（大月書店，2008），
『持続可能な発展の教育学』（東洋館出版社，2013），『生涯学習の教育学』（北樹出版，2014），『将来
社会への学び』（筑波書房，2016），『「コロナ危機」を乗り越える将来社会論』（筑波書房，2020）ほ
か。

石山 雄貴　鳥取大学地域学部准教授　　　　　　　　　　　　　　　　　　　　　［第4章］
　2016年度東京農工大学連合農学研究科農林共生社会科学専攻修了。博士（学術）。主著：『五訂版　習
うより慣れろの市町村財政分析』共著（自治体研究社，2021），『学校一斉休校は正しかったのか？
検証・新型コロナと教育』共著（筑波書房，2021）ほか。

田開 寛太郎　松本大学総合経営学部講師　　　　　　　　　　　　　　　　　　　［第5章］
　博士（農学）。日本環境教育学会事務局長。専門は，環境教育，自然共生システム，観光産業。主な
論文：「中山間地域における公衆浴場の経営と利用実態に関する研究—長野県飯田市遠山郷かぐらの
湯を事例に」共著，『地域総合研究』（松本大学，2022），「コウノトリの野生復帰における『共生』概
念の変遷」『環境共生』（日本環境共生学会，2022）。

伊東 静一　東京学芸大学非常勤講師　　　　　　　　　　　　　　　　　　　　　［第6章］
　博士（農学）。明治大学客員研究員。元福生市公民館長。主著：『自然保護教育論』（筑波書房，2008），
『社会教育における評価』（東洋館出版社，2012），『社会教育経営のフロンティア』（玉川大学出版部，
2019），『「学び」をとめない自治体の教育行政』（自治体研究社，2021）ほか。

中沢 孝之　白河市立図書館館長　　　　　　　　　　　　　　　　　　　　　　　［第7章］
　図書館問題研究会委員長。主著：『みんなで考える　こんなときどうするの？』編著（日本図書館協
会，2014）。

林 浩二　千葉県立中央博物館上席研究員　　　　　　　　　　　　　　　　　　　［第8章］
　東邦大学理学部・星槎大学非常勤講師，日本植物園協会教育普及委員会委員，日本環境教育学会広報
委員会委員。主著（共著）：『インタープリター・トレーニング』（ナカニシヤ出版，2014），『環境の
豊かさをもとめて』（昭和堂，1999）。「市民研通信」で連載「博物館と社会を考える」（オンライン公
開）。

【社会教育・生涯学習の基本 シリーズ】
社会教育・生涯学習入門 —誰ひとり置き去りにしない未来へ

2023年3月1日 第1版第1刷発行

編著 二ノ宮リム さち・朝岡 幸彦
© NINOMIYA-LIM Sachi／ASAOKA Yukihiko 2023

発行者 二村 和樹
発行所 人言洞 合同会社 〈NingenDo LLC〉
〒234-0052 神奈川県横浜市港南区笹下6-5-3
電話 045 (352) 8675 (代)
FAX 045 (352) 8685
https://www.ningendo.net

印刷所 亜細亜印刷株式会社

定価はカバーに表示してあります。
乱丁・落丁の場合は小社にてお取替えします。

ISBN 978-4-910917-03-0